Understanding of Police

경찰의 이해

조상현 저

박영사

"본 교재는 과학기술정보통신부 및 정보통신기획평가원에서
주관하여 진행한 결과물입니다. (2019-0-01817)"

머 리 말

    본 교재는 동서대학교 소프트웨어중심대학의 사이버경찰보안 전공 학생들을 위한 교재로 개발되었다. 사이버경찰보안 전공은 경찰행정학과 학생뿐 아니라 컴퓨터공학과, 정보보안학과 등 사이버 위협 기술의 고도화에 따라 IT기반의 정보보호 역량을 갖춘 융합형 보안리더를 양성하고자 한다. 특히 사이버경찰보안 전공 학생들은 사이버경찰에 깊은 관심으로 경찰에 대한 이해를 향상시키고자 본 교재를 집필하였다.

    이 책은 크게 제1부와 제2부로 구성하였다.
    제1부에서는 경찰이란 무엇인가? 라는 큰 주제 아래, 제1장 경찰의 의의, 제2장 경찰의 상징, 제3장 경찰공무원 채용, 제4장 경찰조직으로 구성하였다. 제1장 경찰의 의의에서는 경찰의 개념, 영미법계 경찰과 대륙법계 경찰, 실질적 의미의 경찰과 형식적 의미의 경찰, 경찰의 분류 등을 제시하였다. 제2장 경찰의 상징에서는 경찰의 캐릭터, CI & 심벌마크, 경찰의 계급, 경찰관 인권행동강령 등을 제시하였다. 제3장 경찰공무원 채용에서는 응시자격, 채용절차, 경찰공무원 복무규정 등을 제시하였다. 제4장 경찰조직에서는 경찰조직의 개념, 보통경찰기관 등을 제시하였다. 즉, 1부에서는 경찰에 대하여 이해하고자 하였다.

    제2부에서는 경찰의 임무는 무엇인가? 라는 큰 주제 아래, 생활안전경찰, 수사경찰, 사이버안전경찰, 교통경찰, 경비경찰, 정보경찰, 보안경찰, 외사경찰 등으로 구성하였다. 즉, 경찰이 어떠한 업무를 수행하는지를 제시하였으며, 경찰의 업무에 따른 법적 근거를 제시하여 법에 대한 해석과 이해력을 향상시키고자 하였다.

  이 책이 출간 되기까지 아낌없이 지원을 해주신 동서대학교 소프트웨어 중심대학 사업단의 문미경 단장님, 사이버경찰보안 전공 책임교수인 김용호 교수님께 이 자리를 빌어 감사의 말씀을 올린다. 또한 박영사 안종만 회장님, 안상준 대표님, 박세기 부장님, 우석진 편집위원님 이하 임직원 여러분께 감사의 인사 드립니다.

저자 조상현

차 례

제4장 경찰조직

제2부 경찰의 임무는 무엇인가?

제1장 생활안전경찰

제2장　수사경찰

제**3**장 사이버안전경찰

1 사이버안전경찰 / 104

2 사이버안전경찰의 조직 / 105

3 사이버범죄의 유형 / 106

제**4**장 교통경찰

제5장 경비경찰

제6장 정보경찰

제**7**장 보안경찰

제1부

경찰이란 무엇인가?

경찰의 의의

1 경찰의 개념

우리는 살아가면서 경찰이라는 단어를 자주 사용하지만 경찰에 대하여 정확한 정의를 내리는 것은 쉽지 않다. 이는 국가마다 역사적 배경이 다르며, 경찰의 탄생 배경, 경찰의 제도, 경찰의 역할 및 임무 등이 다르기 때문이다.

우리나라에서 경찰이라는 용어는 1885년 10월 29일 정부공식문서에서 처음으로 사용되었다.[1] 먼저 경찰의 한자적 의미를 살펴보면, 경찰(警察)에서 경(警)은 '경계하다', '주의하다'라는 의미를 지니고 있다. 찰(察)은 '살피다'라는 의미로 '경찰'은 경계하여 살피는 것을 뜻한다. 이에 경찰의 사전적 의미로는 국민의 생명과 재산보호 및 공공의 안녕과 질서유지를 위하여 국민을 계몽, 지도 또는 명령, 강제하는 국가의 특수행정작용을 의미한다.[2]

경찰의 개념을 구체적으로 살펴보기 위해서는 경찰개념의 역사적 변화를 살펴볼 필요가 있다.

---

1) 김상호 외 8인. (2004). 경찰학개론. 법문사. 415.
2) 한국민족문화대백과사전.

1) 고대시대

경찰은 라틴어인 Politia에서 유래한 것으로, 도시국가(polis)에 관한 모든 정치, 특히 헌법을 의미하였다. 따라서 경찰은 도시국가에 관한 헌법을 의미했으며, 당시에는 경찰과 행정이 미분화되는 시기였다.

2) 중세시대(14c말 ~ 16c)

14c말 프랑스에서는 경찰은 'policia', 'police' 등 국가목적, 국가작용, 국가의 평온하고 질서 있는 상태를 의미하는 것으로 15c말에 독일로 계수되었다. 16c 독일에서는 「제국경찰법」에 의해 일체 국가작용을 의미하였으며, 여기에서는 교회행정을 제외하였다. 따라서 경찰은 교회행정 권한을 제외한 국가의 공동체 질서를 유지하는 모든 활동을 의미하였다.[3] 중세시대 역시 경찰과 행정이 미분화되는 시기였다.

3) 경찰국가시대(17 ~ 18c)

경찰국가시대에는 경찰과 행정이 분화되는 시기로 경찰의 개념이 축소되기 시작하였다. 이에는 절대군주제의 체제가 강화되면서 국가기능이 전문화 및 분업화되었다. 따라서 경찰은 통치권의 전반을 행사하는 이른바 경찰국가시대가 도래하게 되었다. 경찰은 군사, 사법, 재정, 외교와 같은 국가 목적작용을 제외하고 사회목적 작용인 내무행정의 전반(소극적 질서유지 + 적극적 복지증진)을 의미하게 되었다.

4) 법치국가(18c말 ~ 19c)

법치국가 시기에는 계몽주의 철학의 등장으로 자연법사상, 권력분립주의, 자유주의 등 사조를 가져오게 되었다.[4] 따라서 경찰은 적극적 복지증진 분야가 제외되면서 소극적 질서유지를 위한 위험방지 분야에 한정되었다.

---

3) 박선영. (2019). 박선영경찰학. 박영사. 14.
4) 허경미. (2019). 경찰학개론. 박영사. 10.

5) 제2차 세계대전 이후

이 시기에는 영업경찰, 건축경찰, 보건경찰, 위생경찰, 도로경찰, 산림경찰 등 협의의 행정경찰 사무가 다른 행정관청으로 이관되는 비경찰화과정을 겪게 된다. 따라서 경찰은 공공의 안녕과 질서유지 임무에 국한되었다.

2 영미법계 경찰과 대륙법계 경찰

영미법계 경찰은 국민을 위하여 법을 집행하며, 치안서비스를 제공하는 기능과 역할을 수행한다. 따라서 영미법계는 경찰권의 역할과 기능을 중시하며, 경찰 활동에 대하여 지대한 관심을 가지고 있다. 영미법계는 경찰의 임무를 국민의 생명과 신체 그리고 재산을 보호하는데 있으며, 이에는 비권력적 수단을 중시한다. 특히 영미법계 경찰은 국민과 동반자의 관계로 수평적인 관계로 바라보고 있다.

대륙법계 경찰은 영미법계의 경찰과는 다르게 경찰권의 성질, 발동 범위를 중시하며, 경찰이란 무엇인가에 대하여 그 개념을 바라보고 있다. 따라서 대륙법계 경찰은 공공의 안녕 및 질서유지에 임무의 초점을 가지며, 이에는 권력적 수단을 중시하고 있다. 또한 대륙법계 경찰은 국민과의 관계를 대립관계로 수직관계로 바라보고 있다.

	대륙법계	영미법계
개념	경찰권의 성질, 발동 범위 중시 경찰이란 무엇인가 경찰권 발동 범위의 축소	경찰권의 역할 및 기능 중시 경찰활동이란 무엇인가? 경찰권 발동 범위의 확대
임무	공공의 안녕 및 질서유지	국민의 생명·신체·재산 보호
수단	권력적 수단	비권력적 수단
국민과의 관계	경찰과 국민은 대립관계, 수직관계	경찰과 국민은 동반자 관계, 수평관계

3 실질적 의미의 경찰과 형식적 의미의 경찰

실질적 의미의 경찰은 일반통치권에 근거하여 국민에게 명령 및 강제하는 권력적 작용을 의미한다. 하지만 의원경찰, 법정경찰 등 특별권력에 의한 명령·강제하는 활동은 제외된다. 실질적 의미의 경찰은 경찰조직이 아닌 작용 및 성질을 중심으로 파악된 개념으로 이론적·학문적인 면에서 정립된 개념이다. 실질적 의미의 경찰 범위는 사회목적적 작용인 소극적으로 사회공공의 현재 및 장래의 안녕·질서를 유지하는 것을 목적으로 하고 있다. 또한 경찰조직이 아닌 건축경찰, 위생경찰, 철도경찰 등 다른 국가기관의 명령·강제하는 활동을 포함한다.

형식적 의미의 경찰은 「경찰법」, 「경찰관직무집행법」, 「정부조직법」 등 실정법상 보통경찰기관인 경찰청, 지방경찰청, 경찰서 등 경찰의 임무를 달성하고자 행하여지는 모든 경찰활동을 의미한다. 따라서 형식적 의미의 경찰은 법적으로 제도화된 경찰기관이 수행하는 업무와 관련된 것으로, 그 내용이 무엇인가를 가리지는 않는다.[5]

형식적 의미의 경찰은 실무상 정립된 개념으로 경찰조직을 중심으로 역사적으로 제도적으로 정립되었다. 따라서 형식적 의미의 경찰은 각 국마다 경찰에 대한 실정법의 차이로 시대와 역사에 따라 상이하며, 유동적·상대적인 개념이라 할 수 있다.

형식적 의미의 경찰은 「경찰법」 제3조 및 「경찰관직무집행법」 제2조에 규정된 직무범위에 해당된다고 볼 수 있다. 특히, 경찰조직이 권력작용과 무관해도 현실적으로 수행하는 봉사, 지원 등과 같은 업무 역시 그 범위로 볼 수 있다.

경찰법 제3조 (국가경찰의 임무)

1. 국민의 생명·신체 및 재산의 보호
2. 범죄의 예방·진압 및 수사
2의2. 범죄피해자 보호
3. 경비·요인경호 및 대간첩·대테러 작전 수행
4. 치안정보의 수집·작성 및 배포

---

5) 최선우. (2017). 경찰학. 그린출판사. 77.

5. 교통의 단속과 위해의 방지

6. 외국 정부기관 및 국제기구와의 국제협력

7. 그 밖의 공공의 안녕과 질서유지

경찰관직무집행법 제2조 (직무의 범위)

1. 국민의 생명·신체 및 재산의 보호

2. 범죄의 예방·진압 및 수사

2의2. 범죄피해자 보호

3. 경비, 주요 인사(人士) 경호 및 대간첩·대테러 작전 수행

4. 치안정보의 수집·작성 및 배포

5. 교통 단속과 교통 위해(危害)의 방지

6. 외국 정부기관 빛 국제기구와의 국제협력

7. 그 밖에 공공의 안녕과 질서 유지

---

4 경찰의 분류

1) 목적에 따른 분류

경찰의 분류를 목적에 따라서 행정경찰과 사법경찰로 분류할 수 있다. 행정경찰은 공공의 질서를 유지하며 범죄가 발생하기 이전에 예방을 하고자 하는 목적을 지니고 있다. 행정경찰은 각종 경찰법에 의하여 적용하며, 현재 및 장래의 사태에 대하여 발동한다. 행정경찰은 경찰청장의 지휘 및 감독을 받으며, 실질적 의미의 경찰작용을 의미한다.

사법경찰은 범죄발생에 있어서 범죄를 수사하고 범죄자를 체포하는 것으로 그 목적을 가지고 있다. 범죄발생은 현재가 아닌 과거이므로 행정경찰과는 다르게 과거의 사태에 대하여 작용하게 된다. 사법경찰은 검사의 지휘 및 감독을 받으며, 형사소송법에 의한 권한을 행사한다.

2) 업무의 독자성에 따른 분류

업무의 독자성에 따라 경찰을 분류하게 되면 보안경찰과 협의의 행정경찰과 분류할 수 있다. 보안경찰은 다른 기타 행정작용을 동반하지 않는 즉, 독자성을 지니고 있다. 경찰 조직상 보통경찰기관이 관장한다. 예를 들면, 생활안전경찰, 교통경찰, 정보경찰 등이 해당된다.

협의의 행정경찰은 다른 행정작용과 결합하는 것으로 독자성을 지니지 않는 것이다. 조직상 일반행정기관으로 예를 들면 건축, 위생, 산림 등이 이에 해당된다.

보안경찰과 협의의 행정경찰은 실질적 의미의 경찰에 해당되며, 보안경찰은 형식적 의미의 경찰에 해당되나, 협의의 행정경찰은 형식적 의미의 경찰에 해당되지 않는다.

3) 경찰권 발동시점에 따른 분류

경찰권 발동시점에 따른 분류는 진압경찰과 예방경찰로 분류할 수 있다. 진압경찰은 범죄발생에 따른 범죄수사 및 범죄자 검거 등을 위한 권력적 작용을 의미한다. 이에는 범죄를 제지하거나 범죄의 진압, 범죄 수사, 범죄자 검거 등이 해당된다.

예방경찰은 범죄 발생 이전의 사전 범죄예방 활동을 의미한다. 이는 범죄 발생 이전의 권력적 작용으로써, 순찰활동, 정신착란자 및 주취자 보호조치 등이 해당된다.

4) 경찰서비스의 질과 내용에 따른 분류

경찰서비스의 질과 내용에 따른 분류는 질서경찰과 봉사경찰로 분류할 수 있다. 질서경찰은 사회의 질서를 유지하고자 법을 집행하거나, 권력적 작용을 행하는 것으로 강제력을 수단으로 한다. 이에는 범죄수사, 경범죄 처벌, 범칙금 부과 등이 해당된다. 봉사경찰은 사회의 질서유지를 목적으로 강제력이 아닌 서비스를 제공하는 비권력적 작용으로 청소년의 선도, 교통상황의 정보 제공, 방범 순찰 등이 이에 해당된다.

5) 위해의 정도에 따른 분류

위해의 정도에 따른 분류는 비상경찰과 평시경찰로 분류할 수 있다. 이는 위해의 정도 뿐만 아니라 적용법규나 담당기관에 따라서도 분류할 수 있다. 비상경찰은 국가적 비상 상황에 있어서 경찰기관 이외의 기관이 치안을 담당하는 것이다. 비상경찰은 헌법의 근거로 계엄이 선포된 경우에는 군의 계엄사령관이 공공의 안녕과 질서를 담당한다. 평시경찰은 말 그대로 평시에 일반경찰기관이 일반경찰법규에 따라 공공의 안녕과 질서를 담당하는 것을 의미한다.

6) 권한과 책임의 소재에 따른 분류

경찰의 임무에 있어서 권한의 책임과 소재에 따라 국가경찰과 자치경찰로 분류할 수 있다. 국가경찰은 경찰조직의 구성, 운영, 관리 등 그 권한과 책임, 임무 등이 국가에 귀속되는 경우에는 국가경찰로서,[6) 경찰권은 국가에 있다. 자치경찰은 경찰조직의 구성, 운영, 관리 등 그 권한과 책임, 임무 등이 자치경찰로 귀속되는 경우로 경찰조직을 지방자치단체의 행정조직으로 하는 것이 자치경찰이다.[7)

	국가경찰	자치경찰
권한 및 책임	국가	지방자치단체
장점	− 강력한 법집행력 − 통일된 조직 운영 − 업무의 기동성과 능률성 − 통계자료의 일관성 및 정확성 − 타 행정부문과 긴밀한 협조 − 경찰기관과의 협조 및 조정	− 지역실정에 적합한 치안서비스 − 조직 운영의 개혁 − 지역주민의 협조 − 인권보장과 민주성 − 지역주민과의 유대 관계 − 경찰의 신뢰

---

6) 이황우·조병인·최응렬. (2006). 경찰학개론. 한국형사정책연구원. 14.
7) 김창윤 외. (2020). 경찰학. 박영사. 33.

단점	– 경찰 업무 이외의 다양한 활동 – 지역 실정에 따른 경찰행정 수립 – 잦은 인사이동 – 관료화로 봉사정신 희박	– 전국 단위의 활동 – 집행력과 기동성 – 타 기관과의 업무협조 – 통계자료의 정확성

우리나라는 제주특별자치도에 2006년 7월 1일부터 제주자치경찰을 운영하고 있다. 제주자치경찰의 출범과정은 2005년 5월 20일 정부와 제주도에서는 제주특별자치도 기본 구상에 따라 제주도에 자치경찰제도를 도입할 것을 밝힘으로써 입법을 추진하였다. 2006년 2월 21일에 제주자치경찰을 설치할 수 있도록 제주특별자치도 특별법을 추진하였다. 2006년 3월 11일 제주자치경찰제 시행을 위하여 구체적인 세부실행계획을 확정하였다. 2006년 6월 30일에는 제주자치경찰제 시행과 관련된 6개의 법률이 국회를 통과하였다. 2006년 7월 1일 제주자치경찰이 우리나라에서 처음으로 출범하였다.

첫 출범 당시 제주자치경찰의 운영목표는 다음과 같다.
• 제주특별자치도 출범과 함께 제주자치경찰 운영 조기정착
• 주민의사와 제주특성에 적합한 맞춤형 치안서비스 발굴
• 관광제주의 특성을 감안, 규제보다는 봉사에 역점을 두고 추진
• 국가경찰과 차별화된 당당한 제주자치 경찰 위상정립

제주특별자치도 자치경찰단 연혁[8]
2006. 07. 01.   제주자치경찰 출범(국가경찰 특별임용 38명)
2007. 02. 21.   1차 신임순경 45명 임용
2008. 03. 05.   ITS센터 자치경찰단 이관
2008. 07. 01.   행정시 주정차 단속사무 이관
2011. 01. 18.   행정시 교통시설사무 이관
2012. 01. 09.   통합 자치경찰단 출범(1단, 4과, 1지역대, 1센터, 11담당)
2012. 03. 08.   자치경찰 기마대 신설

---

8) 제주특별자치도 자치경찰단 홈페이지(http://www.jeju.go.kr/).

2012. 11. 24. 자치경찰 청사(아라동) 이전

2016. 01. 25. 자치경찰 단장 직급 개선(경무관)

2016. 02. 01. 관광경찰과 신설

2019. 01. 31. 국가경찰 파견(260명) 국가사무 시범 운영

2019. 05. 01. 자치경찰 개혁추진위원회 출범

2019. 08. 02. 원활한 시범사무 운영을 위한 임시 조직개편(1관 5과 1대 1센터)

2019. 10. 21. 자치경찰단 통합유실물센터 개소

2020. 01. 31. 국가경찰 파견(268명) 확대 시범 운영

제 2 장

경찰의 상징

1 경찰의 캐릭터

1) 포돌이와 포순이의 유래

경찰은 국민에게 조금 더 친숙하게 다가가기 위한 모습을 캐릭터로 형상화하면서 '포돌이'와 '포순이'를 제작하였다. 포돌이와 포순이의 '포'는 여러 가지의 의미를 내포하고 있다. 첫째, POLICE의 'PO'를 따서 경찰을 상징하고 있다. 둘째, 조선시대 포도청과 포졸의 '포'를 의미함으로써 전통성과 상징성을 뜻하고 있다. 셋째, 국민을 보호하고 감싸 안는다는 포용에서 '포'를 제시하고 있다. 넷째, 청렴과 공정의 대명사로 불리는 중국의 포청천의 '포'를 의미한다. '돌이'와 '순이'는 국민들에게 있어서 쉽게 부를 수 있으며, 듣기 편한 이름으로 제작되었다.

포돌이와 포순이

출처 : 경찰청 홈페이지

2) 포돌이와 포순이의 의미

포돌이와 포순이의 캐릭터는 각 각 의미하는 바가 크다.

'큰 귀' : 국민 모두의 목소리를 하나도 빠짐없이 들으려, 치안상황을 신속하며 정확하게 수집하여 각종 범죄를 예방하고자 한다.

'큰 눈' : 대한민국 전국을 구석구석 살피면서 순찰하고 범죄가 일어나지 않게 끔 예방하고자 한다.

'큰 머리' : 21세기의 선진경찰이 되고자 두뇌를 활용하고자 한다.

'밝은 미소' : 경찰은 국민과 함께 호흡하여 국민의 봉사자로서 항상 친절하고 국민이 만족할 수 있는 최상의 치안서비스를 제공하고자 한다.

'두 팔 벌린 모습' : 어떠한 불의나 불법에도 물러나지 않고 당당히 맞서는 것을 의미한다.

'엄지손가락' : 전 세계 경찰 중에서 한국의 경찰이 최고가 되겠다는 각오를 의미한다.

2 CI & 심벌마크

경찰의 CI는 2005년 경찰 60년을 맞이하여 새롭게 선정되었다. 경찰의 CI는 참수리가 무궁화를 잡고 하늘 높이 날아오르는 모습을 형상화하였다. 여기서 참수리는 경찰을 의미하며, 무궁화는 국가와 국민을 의미한다. 즉, 경찰이 국가와 국민을 수호하여 최상의 치안서비스를 제공한다는 뜻을 의미한다.

경찰의 심벌마크에는 참수리와 저울 그리고 무궁화에 대하여 그 의미를 부여하고 있다.

참수리는 천연기념물 243-3호이며, 참수리의 눈은 크고 날카롭게 표현되어 있다. 이는 경찰의 치안활동에 있어서 사각지대까지 세심하게 살핀다는 의미로 경찰의 예리한 통찰력을 의미한다. 부리의 모양은 참수리의 부리를 사실적으로 표현하였다. 이는 경찰의 강함과 용맹스러움을 강조하기 위함이다. 깃털은 세워서 표현함으로써 날렵한 참수리의 이미지를 강조하였다. 이는 경찰은 국민의 요구에 있어서 언제나 신속하게 대응할 수 있는 경찰의 준비된 자세를 의미하고 있다.

저울은 참수리 어깨 위에 저울판과 저울대로 표현하고 있다. 저울은 형평과 공평을 의미하는 것으로 경찰은 법을 집행하는 기관으로써 어떠한 외압에도 흔들리지 않고, 공평무사한 법집행을 통해 정의를 실현하겠다는 굳건한 의지를 표현하는 것이다.

무궁화 중심에는 태극장을 표현하였다. 태극장의 의미는 '대한민국과 국민'을 뜻하고 있다. 그리고 무궁화의 꽃잎에는 경찰을 지향하는 신(信), 충(忠), 의(義), 인(仁), 용(勇)을 뜻하고 있다.

경찰 CI(Corporate Identity)

출처 : 경찰청 홈페이지

3 경찰의 계급

경찰은 순경, 경장, 경사, 경위, 경감, 경정, 총경, 경무관, 치안감, 치안정감, 치안총감 등 총 11계급으로 구성되어 있다.

순경, 경장, 경사는 일선 지구대와 경찰서·기동대 등에서 국민의 생명과 신체 및 재산을 보호하는 경찰의 가장 기본적인 임무를 수행하는 치안실무자의 역할을 담당하고 있다. 특히 이들은 지역사회에서 국민과 가장 밀접한 경찰의 임무를 수행하고 있으며 '경찰의 뿌리'라고 할 수 있다. 이들의 계급장은 하단부에 태극장이 위치하고 있으며, 태극장 위에 2개의 무궁화 잎으로 무궁화 봉오리를 감싸고 있다. 봉오리의 수에 따라 계급을 구분하고 있다.

경찰 계급(순경 ~ 경사)

순경	경장	경사

출처 : 경찰청 홈페이지

경위에서 총경은 경찰 조직 내에서 국가를 수호하고 국민에게 봉사하는 중견 경찰간부의 역할을 수행하고 있다. 특히 경찰조직의 중심으로써 능동적이며 활동적으로 임무를 수행하고 있다.

경위는 지구대 순찰팀장, 파출소장, 경찰서 계장급, 경찰청 및 지방경찰청의 실무자가 이에 해당한다.

경감은 지구대장, 경찰서 주요 계장 및 팀장(생활안전, 강력, 정보2 등), 경찰청 및 지방경찰청의 반장 급이 이에 해당한다.

경정은 경찰서 과장, 경찰청 및 지방경찰청 계장 급이 이에 해당한다.

총경은 경찰서장, 경찰청 및 지방경찰청 과장 급이 이에 해당한다.

경위에서 총경의 계급장은 중앙에 태극장이 위치하고 있으며, 무궁화의 수에 따라 계급을 구분하고 있다.

경찰 계급(경위 ~ 총경)

경위	경감	경정	총경

출처 : 경찰청 홈페이지

경무관에서 치안총감은 경찰조직을 이끌어 나가는 경찰의 수뇌부로써 경찰조직에서 최상위 계급을 의미한다.

경무관은 지방경찰청 차장, 서울·부산·경기·인천 등 지방경찰청 부장, 경찰청 심의관, 경찰수사연수원장 급이 이에 해당한다.

치안감은 지방경찰청장, 경찰교육원장, 중앙경찰학교장, 경찰청 국장 급이 이에 해당한다.

치안정감은 경찰청 차장, 서울·부산·경기·인천 지방경찰청장, 경찰대학장 급이 이에 해당한다.

치안총감은 경찰의 총수로써 경찰청장이 이에 해당한다.

경찰 계급(경무관 ~ 치안총감)

경무관	치안감	치안정감	치안총감

출처 : 경찰청 홈페이지

4 경찰관 인권행동강령[9]

1) 인권보호 원칙

경찰관은 국민이 국가의 주인임을 명심하고 모든 사람의 인권과 인간으로서의 존엄과 가치를 존중하고 보호할 책임이 있다.

2) 적법절차 준수

경찰관은 헌법과 법령에 의하여 적법절차에 따라 공정하고 객관적으로 직무를 수행하여야 하며, 권한을 남용하거나 그 권한의 범위를 넘어서는 아니 된다.

3) 비례 원칙

경찰권 행사는 그 목적을 달성하는 데 필요한 한도에 그쳐야 하며 이로 인한 사익의 침해가 경찰권 행사가 추구하는 공익보다 크지 아니하여야 한다. 특히 물리력 행사는 법령에 정하여진 엄격한 요건을 충족하는 경우에 한하여 필요 최소한의 범위 내에서 이루어져야 한다.

---

9) 경찰관 인권행동강령 제1조~10조.

4) 무죄추정 원칙 및 가혹행위 금지

경찰관은 누구든지 유죄가 확정되기 전에는 유죄로 간주하는 언행이나 취급을 하여서는 아니 되고, 직무를 수행하는 과정에서 고문을 비롯한 비인도적인 신체적·정신적 가혹 행위를 하여서도 아니 되며, 이러한 행위들을 용인하여서도 아니 된다.

5) 부당 지시 거부 및 불이익 금지

경찰관은 인권을 침해하는 행위를 하도록 지시받거나 강요받았을 경우 이를 거부해야 하고, 법령에 정한 절차에 따라 이의를 제기할 수 있으며, 이를 이유로 불이익한 처우를 받지 아니한다.

6) 차별 금지 및 약자·소수자 보호

경찰관은 직무를 수행하는 과정에서 합리적인 이유 없이 성별, 종교, 장애, 병력(病歷), 나이, 사회적 신분, 국적, 민족, 인종, 정치적 견해 등을 이유로 누구도 차별하여서는 아니 되고, 신체적·정신적·경제적·문화적인 차이 등으로 특별한 보호가 필요한 사람의 인권을 보호하여야 한다.

7) 개인 정보 및 사생활 보호

경찰관은 직무를 수행하는 과정에서 취득한 개인 정보와 사생활의 비밀을 보호하고, 명예와 신용이 훼손되지 않도록 유의하여야 한다.

8) 범죄피해자 보호

경찰관은 범죄피해자의 명예와 사생활의 평온을 보호하고, 추가적인 피해 방지와 신체적·정신적·경제적 피해의 조속한 회복 및 권익증진을 위하여 노력하여야 한다.

9) 위험 발생의 방지 및 조치

경찰관은 사람의 생명·신체에 위해를 끼치거나 재산에 중대한 손해를 끼칠 우려가 있는 때에는 이를 방지하기 위한 필요한 조치를 하여야 한다. 특히 자신의 책임 및 보호하에 있는 사람의 건강 보호를 위해 노력하여야 하며, 필요한 경우 지체 없이 응급조치, 진료의뢰 등 보호받는 사람의 생명권 및 건강권을 보장하기 위한 조치를 하여야 한다.

10) 인권교육

경찰관은 인권 의식을 함양하고 인권 친화적인 경찰 활동을 할 수 있도록 인권교육을 이수하여야 하며, 경찰관서의 장은 정례적으로 소속 직원에게 인권교육을 하여야 한다.

제3장

경찰공무원 채용

경찰공무원의 채용시험은 계급별로 실시하며 다만, 결원보충을 원활히 하기 위하여 필요하다고 인정될 때에는 직무분야별·근무예정지역 또는 근무예정기관별로 구분하여 실시할 수 있다.[10] 경찰공무원 채용시험에 대한 실시권은 경찰청장은 「경찰공무원법」 제15조 제1항에 따라 순경(항공경찰분야에 종사할 사람은 제외한다)의 공개경쟁채용시험의 실시권과 의무경찰로 임용되어 정해진 복무를 마친 사람에 대한 순경으로의 경력경쟁채용시험 등의 실시권을 소속기관등의 장에게 위임하고, 경찰간부후보생의 공개경쟁 선발시험의 실시권을 경찰대학의 장에게 위임한다.[11]

1 응시자격

1) 공통자격

− 운전면허 1종 보통 또는 대형면허 소지자

---

10) 경찰공무원임용령 제32조.
11) 경찰공무원임용령 제33조.

2) 공채 자격요건

(1) 일반순경(남자, 여자, 101단)

- 18세 이상 40세 이하

(2) 간부후보생

- 21세 이상 40세 이하

3) 특채 자격요건

(1) 전의경특채

① 21세 이상 30세 이하
② 경찰청 소속 '전투경찰순경'으로 임용되어 소정의 복무를 마치고 전역한 자 또는 전역예정자

(2) 경찰행정학과

① 20세 이상 40세 이하
② 2년제 이상 대학의 경찰행정 관련 학과 졸업
③ 4년제 대학의 경찰행정 관련학과에 재학(재학했던) 45학점 이수자

인정과목(경찰공무원 임용령 별표 1의 2)

체포술(무도·사격 포함), 헌법, 행정법, 형법, 형사소송법, 행정학, 범죄학, 경찰학, 비교경찰론, 한국경찰사, 경찰윤리, 경찰경무론, 경찰생활안전론, 경찰수사론, 경찰경비론, 경찰교통론, 경찰정보론, 경찰보안론, 경찰외사론, 범죄심리학, 피해자학, 과학수사론, 법의학, 형사정책론, 경찰연구 방법론, 테러정책론, 민간경비론, 경찰기획(정책)론, 소년범죄론, 자치경찰론, 국가정보학, 사회병리학, 범죄통계학, 범죄예방론 또는 이와 유사한 과목으로서 경찰청장이 인정하는 과목

4) 결격사유[12)

(1) 대한민국 국적을 가지지 아니한 사람
(2) 「국적법」 제11조의2제1항에 따른 복수국적자
(3) 피성년후견인 또는 피한정후견인
(4) 파산선고를 받고 복권되지 아니한 사람
(5) 자격정지 이상의 형(刑)을 선고받은 사람
(6) 자격정지 이상의 형의 선고유예를 선고받고 그 유예기간 중에 있는 사람
(7) 공무원으로 재직기간 중 직무와 관련하여 「형법」 제355조 및 제356조에 규정된 죄를 범한 사람으로서 300만원 이상의 벌금형을 선고받고 그 형이 확정된 후 2년이 지나지 아니한 사람
(8) 「성폭력범죄의 처벌 등에 관한 특례법」 제2조에 규정된 죄를 범한 사람으로서 100만원 이상의 벌금형을 선고받고 그 형이 확정된 후 3년이 지나지 아니한 사람
(9) 미성년자에 대한 다음 각 목의 어느 하나에 해당하는 죄를 저질러 형 또는 치료감호가 확정된 사람(집행유예를 선고받은 후 그 집행유예기간이 경과한 사람을 포함한다)
  ① 「성폭력범죄의 처벌 등에 관한 특례법」 제2조에 따른 성폭력범죄
  ② 「아동·청소년의 성보호에 관한 법률」 제2조제2호에 따른 아동·청소년 대상 성범죄
(10) 징계에 의하여 파면 또는 해임처분을 받은 사람

2 채용절차

1) 시험공고

경찰청장 또는 시험실시권자는 공개경쟁채용시험을 실시할 때에는 임용예정

---

12) 경찰공무원법 제7조 2항.

계급, 응시자격, 선발예정인원, 시험의 방법·시기·장소, 시험과목 및 배점에 관한 사항을 시험실시 20일 전까지 공고하여야 한다. 다만, 시험 일정 등 미리 공고할 필요가 있는 사항은 시험 실시 90일 전까지 공고하여야 한다[13].

2) 원서접수

- 경찰청 인터넷 원서접수 사이트

3) 필기·실기시험

(1) 공채

① 간부후보생

분야별		일반	세무회계	사이버
시험별	과목별			
객관식	필수	한국사	한국사	한국사
		형법	형법	형법
		영어	영어	영어
		행정학	형사소송법	형사소송법
		경찰학개론	세법개론	정보보호론
주관식	필수	형사소송법	회계학	시스템네트워크보안
	선택 1과목	행정법	상법총칙	테이터베이스론
		경제학	경제학	통신이론
		민법총칙	통계학	
		형사정책	재정학	소프트웨어공학

---

13) 경찰공무원임용령 제34조.

• 영어시험은 검정시험에 기준점수 이상이면 합격한 것으로 간주한다.

시험의 종류		기준점수
토플 (TOEFL)	아메리카합중국 이.티.에스.(ETS: Education Testing Service)에서 시행하는 시험(Test of English as a Foreign Language)으로서 그 실시방식에 따라 피.비.티.(PBT: Paper Based Test) 및 아이.비.티.(IBT: Internet Based Test)로 구분한다.	PBT 490점 이상 IBT 58점 이상
토익 (TOEIC)	아메리카합중국 이.티.에스.(ETS: Education Testing Service)에서 시행하는 시험(Test of English for International Communication)을 말한다.	625점 이상
텝스 (TEPS)	서울대학교 영어능력검정시험(Test of English Proficiency developed by Seoul National University)을 말한다.	520점 이상 280점 이상
지텔프 (G–TELP)	미국 국제테스트연구원(International Testing Services Center)에서 주관하는 시험(General Test of English Language Proficiency)을 말한다.	Level 2의 50점 이상
플렉스 (FLEX)	한국외국어대학교 어학능력검정시험(Foreign Language Examination)을 말한다.	520점 이상
펠트 (PELT)	한국외국어평가원에서 시행하는 시험(Practical English Language Test)을 말한다.	PEL Main 254점 이상
토셀 (TOSEL)	한국교육방송공사에서 주관하는 시험(Test of the Skills in the English Language)을 말한다.	Advanced 550점 이상

• 2022년 1월 1일부터 시행되는 경찰간부후보생 공개경쟁선발시험의 필기시험과목은 아래와 같다.

시험별	경과별 분야별	일반		
		일반(보안)	세무 · 회계	사이버
제3차 시험	필수	한국사 영어 형법 헌법 경찰학 범죄학	한국사 영어 형사법 헌법 세법 회계학	한국사 영어 형사법 헌법 정보보호론 시스템·네트워크 보안
	선택	행정법, 행정학, 민법총칙 중 1과목	상법총칙, 경제학, 통계학, 재정학 중 1과목	데이터베이스론, 통신이론, 소프트웨어공학 중 1과목

② **순경공채**(101단 포함)
- 필수과목 : 한국사, 영어
- 선택과목 : 형법, 형사소송법, 경찰학개론, 국어, 수학, 사회, 과학(3과목 선택)

- 2022년 1월 1일부터 시행되는 경찰공무원 공개경쟁채용시험의 필기시험과 목은 아래와 같다.

시험별		경과별 분야별	일반 일반(보안)	항공 항공	정보통신 전산·정보통신
경정 공개 경쟁 채용 시험	제3차		한국사 영어 민법개론	한국사 영어 행정법 항공법규	한국사 영어 전기통론
	제4차	필수	행정법 형법 형사소송법	비행이론 관제이론	행정법 형법 형사소송법
		선택	범죄학, 국제법, 민사소송법 중 1과목	항공역학, 기관학, 형법 중 1과목	전자공학, 통신이론, 프로그래밍언어론 중 1과목
순경 공개 경쟁 채용 시험	제3차	필수	한국사 영어 헌법 형사법 경찰학	한국사 항공영어 항공법규 비행이론	한국사 영어 컴퓨터일반
		선택			통신이론, 정보관리론 중 1과목

- 비고
  1. 항공분야 공개경쟁채용시험의 제3차시험 중 항공법규과목은 「항공법」과 같은 법 시행령 및 시행규칙을 말한다.
  2. 순경 공개경쟁채용시험 제3차시험의 필수과목 중 헌법, 형사법, 경찰학의 출제범위는 다음 각 목과 같다.
     가. 헌법: 헌법원리 및 기본권 분야
     나. 형사법: 형법 및 형사소송법 중 수사·증거 분야
     다. 경찰학: 경찰행정법 및 경찰행정학 분야 포함

(2) 특채

① 경찰행정학과 특채 : 경찰학개론, 수사, 행정법, 형법, 형사소송법
② 전의경경채 : 한국사, 영어, 형법, 형사소송법, 경찰학개론
③ 경찰특공대 : 형법, 형사소송법, 경찰학개론

4) 신체검사

(1) 체격

국립·공립병원 또는 종합병원에서 실시한 경찰공무원 채용시험 신체검사 및 약물검사의 결과 건강상태가 양호하고, 사지가 완전하며, 가슴·배·입·구강 및 내장의 질환이 없어야 한다.

(2) 시력

시력(교정시력을 포함한다)은 양쪽 눈이 각각 0.8 이상이어야 한다.

(3) 색신(色神)

색신이상(약도 색신이상은 제외한다)이 아니어야 한다.

(4) 청력

청력이 정상(좌우 각각 40데시벨(dB) 이하의 소리를 들을 수 있는 경우를 말한다)이어야 한다.

(5) 혈압

고혈압(수축기혈압이 145수은주밀리미터(mmHg)을 초과하거나 확장기혈압이 90수은주밀리미터(mmHg)을 초과하는 경우를 말한다) 또는 저혈압(수축기혈압이 90수은주밀리미터(mmHg) 미만이거나 확장기혈압이 60수은주밀리미터(mmHg) 미만인 경우를 말한다)이 아니어야 한다.

(6) 사시(斜視)

검안기 측정 결과 수평사위 20프리즘 이상이거나 수직사위 10프리즘 이상이 아니어야 한다. 다만, 안과전문의의 정상 판단을 받은 경우에는 그러하지 아니하다.

(7) 문신

시술동기, 의미 및 크기가 경찰공무원의 명예를 훼손할 수 있다고 판단되는 문신이 없어야 한다.

5) 체력·적성검사

(1) 체력검증

체력검증은 100m달리기, 1,000m달리기, 팔굽혀펴기, 윗몸일으키기, 좌·우악력 등 총 5종목으로 측정한다. 체력검증의 5종목 중에서 1종목 이상이라도 최하점인 1점을 획득한 경우에는 불합격으로 한다.

구 분		10점	9점	8점	7점	6점	5점	4점	3점	2점	1점
남자	100m 달리기 (초)	13.0 이내	13.1~13.5	13.6~14.0	14.1~14.5	14.6~15.0	15.1~15.5	15.6~16.0	16.1~16.5	16.6~16.9	17.0 이후
	1,000m 달리기 (초)	230 이내	231~236	237~242	243~248	249~254	255~260	261~266	267~272	273~279	280 이후
	윗몸일으키기 (회/1분)	58 이상	57~55	54~51	50~46	45~40	39~36	35~31	30~25	24~22	21 이하
	좌우 악력 (kg)	61 이상	60~59	58~56	55~54	53~51	50~48	47~45	44~42	41~38	37 이하
	팔굽혀펴기 (회/1분)	58 이상	57-52	51~46	45~40	39~34	33~28	27~23	22~18	17~13	12 이하
여자	100m 달리기 (초)	15.5 이내	15.6~16.3	16.4~17.1	17.2~17.9	18.0~18.7	18.8~19.4	19.5~20.1	20.2~20.8	20.9~21.5	21.6 이후
	1,000m 달리기 (초)	290 이내	291~297	298~304	305~311	312~318	319~325	326~332	333~339	340~347	348 이후
	윗몸일으키기 (회/1분)	55 이상	54~50	49~45	44~40	39~35	34~30	29~25	24~19	18~13	12 이하
	좌우악력 (kg)	40 이상	39~38	37~36	35~34	33~31	30~29	28~27	26~25	24~22	21 이하
	팔굽혀펴기 (회/1분)	50 이상	49~45	44~40	39~35	34~30	29~26	25~21	20~16	15~11	10 이하

출처 : 경찰청 홈페이지

(2) 적성검사

적성검사는 경찰공무원으로서 직무수행에 필요한 적성과 자질을 종합검정하는 것으로 한다.

6) 면접시험

면접시험은 집단면접과 개별면접으로 2단계로 구성되어 진다. 집단면접에서는 의사발표의 정확성 및 논리성, 전문지식을 내용으로 하며, 개별면접에서는 품행, 예의, 봉사성, 정직성, 도덕성, 준법성 등을 내용으로 한다.

구분	면접방식	면접내용
1단계	집단면접	의사발표의 정확성·논리성·전문지식
2단계	개별면접	품행·예의·봉사성·정직성·도덕성·준법성

7) 최종합격

최종합격은 필기 또는 실기시험(50%) + 체력검사(25%) + 면접시험(20%) + 가산점(5%)를 합산한 성적의 고득점 순으로 선발예정인원을 최종합격자로 결정한다. 단, 경찰특공대는 실기시험(45%) + 필기시험(30%) + 면접시험(20%) + 가산점(5%)로 최종합격자로 결정한다.

> ### 3 경찰공무원 복무규정

1) 기본강령[14]

(1) 경찰사명

경찰공무원은 국가와 민족을 위하여 충성과 봉사를 다하며, 국민의 생명·신체 및 재산을 보호하고, 공공의 안녕과 질서를 유지함을 그 사명으로 한다.

(2) 경찰정신

경찰공무원은 국민의 수임자로서 일상의 직무수행에 있어서 국민의 자유와 권리를 존중하는 호국·봉사·정의의 정신을 그 바탕으로 삼는다.

(3) 규율

경찰공무원은 법령을 준수하고 직무상의 명령에 복종하며, 상사에 대한 존경과 부하에 대한 신애로써 규율을 지켜야 한다.

(4) 단결

경찰공무원은 주어진 사명을 다하기 위하여 긍지를 가지고 한마음 한뜻으로 굳게 뭉쳐 임무수행에 모든 역량을 기울여야 한다.

(5) 책임

경찰공무원은 창의와 노력으로써 소임을 완수하여야 하며, 직무수행의 결과에 대하여 책임을 진다.

---

14) 경찰공무원 복무규정 제3조.

(6) 성실·청렴

경찰공무원은 성실하고 청렴한 생활태도로써 국민의 모범이 되어야 한다.

2) 복무자세[15)

(1) 예절

① 경찰공무원은 고운말을 사용하도록 노력하여야 하며, 국민에게 겸손하고
   친절하여야 한다.
② 경찰공무원은 상·하급자 및 동료간에 서로 예절을 지켜야 한다.

(2) 용모·복장

경찰공무원은 용모와 복장을 단정히 하여 품위를 유지하여야 한다.

(3) 환경정돈

경찰공무원은 사무실과 그 주변환경을 항상 깨끗하게 정리·정돈하여 명랑한
분위기를 유지하여야 한다.

(4) 일상행동

경찰공무원은 공·사생활을 막론하고 국민의 모범이 되어야 한다.
1. 상·하급자 및 동료를 비난·악평하거나 서로 다투는 행위를 하여서는 아니
   되며, 항상 협동심과 상부상조의 동료애를 발휘하여야 한다.
2. 경솔하거나 난폭한 행동을 하여서는 아니되며, 항상 명랑·활달하여야 한다.
3. 건전하지 못한 오락행위를 하여서는 아니된다.

---

15) 경찰공무원 복무규정 제4조~7조.

3) 복무 등16)

(1) 지정장소 외에서의 직무수행금지

경찰공무원은 상사의 허가를 받거나 그 명령에 의한 경우를 제외하고는 직무와 관계없는 장소에서 직무수행을 하여서는 아니된다.

(2) 근무시간중 음주금지

경찰공무원은 근무시간중 음주를 하여서는 아니된다. 다만, 특별한 사정이 있는 경우에는 예외로 하되, 이 경우 주기가 있는 상태에서 직무를 수행하여서는 아니된다.

(3) 민사분쟁에의 부당개입금지

경찰공무원은 직위 또는 직권을 이용하여 부당하게 타인의 민사분쟁에 개입하여서는 아니된다.

(4) 상관에 대한 신고

경찰공무원은 신규채용·승진·전보·파견·출장·연가·교육훈련기관에의 입교 기타 신분관계 또는 근무관계 또는 근무관계의 변동이 있는 때에는 소속상관에게 신고를 하여야 한다.

(5) 보고 및 통보

경찰공무원은 치안상 필요한 상황의 보고 및 통보를 신속·정확·간결하게 하여야 한다.

(6) 여행의 제한

경찰공무원은 휴무일 또는 근무시간외에 2시간 이내에 직무에 복귀하기 어려운 지역으로 여행을 하고자 할 때에는 소속 경찰기관의 장에게 신고를 하여야 한

---

16) 경찰공무원 복무규정 제8조~제15조.

다. 다만, 치안상 특별한 사정이 있어 경찰청장, 해양경찰청장 또는 경찰기관의 장이 지정하는 기간중에는 소속경찰기관의 장의 허가를 받아야 한다.

(7) 비상소집

① 경찰기관의 장은 비상사태에 대처하기 위하여 필요하다고 인정할 때에는 소속경찰공무원을 긴급히 소집하거나 일정한 장소에 대기하게 할 수 있다.
② 비상소집의 요건·종류·절차등에 관하여 필요한 사항은 경찰청장 또는 해양경찰청장이 정한다.

(8) 특수근무자의 근무수칙 등

① 경찰청장 또는 해양경찰청장은 대간첩작전을 주임무로 하는 경찰공무원, 해양경찰청의 해상근무경찰공무원, 경찰기동대의 대원 기타 특수근무경찰공무원에 대한 근무수칙·내무생활 기타 복무에 관하여 필요한 사항을 따로 정하여 실시할 수 있다.
② 경찰청장 또는 해양경찰청장은 필요하다고 인정할 때에는 복무에 필요한 사항의 일부를 당해 경찰기관의 장이 정하여 실시하게 할 수 있다.

4) 사기진작 및 휴가 등[17]

(1) 사기진작

경찰기관의 장은 소속 경찰공무원에 대한 인사상담·고충처리 기타의 방법으로 직무의욕을 고취시키고 사기진작에 노력하여야 한다.

(2) 건강관리

① 경찰기관의 장은 소속 경찰공무원의 건강유지와 체력향상에 관한 보건대책을 강구하여야 한다.
② 경찰공무원은 항상 보건위생에 유의하여 건강을 유지하고 체력을 증진하

---

17) 경찰공무원 복무규정 제16조~제19조.

는데 노력하여야 한다.

(3) 포상휴가

경찰기관의 장은 근무성적이 탁월하거나 다른 경찰공무원의 모범이 될 공적이 있는 경찰공무원에 대하여 1회 10일 이내의 포상휴가를 허가할 수 있다. 이 경우의 포상휴가기간은 연가일수에 산입하지 아니한다.

(4) 연일근무자 등의 휴무

경찰기관의 장은 특별한 사정이 없는 한 다음과 같이 휴무를 허가하여야 한다.

1. 연일근무자 및 공휴일근무자에 대하여는 그 다음날 1일의 휴무
2. 당직 또는 철야근무자에 대하여는 다음 날 오후 2시를 기준으로 하여 오전 또는 오후의 휴무

제 4장

경찰조직

1 경찰조직의 개념

경찰조직은 경찰공무원의 집합체로써 경찰이 추구하는 목표를 달성하기 위하여 의식적으로 구성된 사회적 단위라고 할 수 있다[18]. 따라서 경찰조직은 경찰행정기관으로써 국가 또는 지방자치단체의 경찰행정을 담당하는 모든 기관을 의미하며, 보통경찰기관과 특별경찰기관으로 구분할 수 있다. 보통경찰기관은 권한과 기능에 따라 경찰행정관청, 경찰보조기관, 경찰의결기관, 경찰자문기관, 경찰집행기관 등이 이에 해당한다.[19]

경찰조직에 있어서 기본법은 경찰법이다. 「경찰법」 제1조에는 '이 법은 국가경찰의 민주적인 관리·운영과 효율적인 임무수행을 위하여 국가경찰의 기본조직 및 직무 범위와 그 밖에 필요한 사항을 규정함을 목적으로 한다'고 규정하고 있다. 따라서 경찰조직은 민주적인 관리와 운영, 효율적인 임무를 수행할 수 있도록 조직되어야 한다.[20]

---

18) 최선우. (2017). 경찰학. 그린출판사. 198.
19) 김창윤 외 27인. (2020). 경찰학. 박영사. 372.

2 보통경찰기관

1) 경찰행정관청

경찰행정관청이란 경찰사무에 관한 국가의 의사를 결정하여 외부에 표시하는 권한을 가진 기관으로써, 경찰청, 지방경찰청, 경찰서 등이 여기에 해당한다.

(1) 경찰청

경찰청은 치안에 관한 사무를 관장한다.[21] 경찰청에 생활안전국·수사국·사이버안전국·교통국·경비국·정보국·보안국 및 외사국을 둔다.[22]

경찰청에 경찰청장을 두며 경찰청장은 치안총감으로 보한다.[23] 경찰청장은 국가경찰에 관한 사무를 총괄하고 경찰청 업무를 관장하며 소속 공무원 및 각급 국가경찰기관의 장을 지휘·감독 한다.[24] 경찰청장 밑에 대변인 1명을, 차장 밑에 기획조정관·경무인사기획관·감사관·정보화장비정책관·과학수사관리관 및 치안상황관리관 각 1명을 둔다.[25]

- 경찰청장[26]
  - 임명 : 경찰위원회 동의 ⇨ 행정안전부장관의 제청 ⇨ 국무총리 경유 ⇨ 국회 인사청문회 ⇨ 대통령 임명
  - 임기 : 2년, 중임할 수 없다.
    직무를 집행하면서 헌법이나 법률을 위배하였을 때에는 국회는 탄핵 소추를 의결할 수 있다.

---

20) 최응렬·하상군·조성택·송병호·김종길·박상진. (2016). 경찰학개론. 대영문화사. 204.
21) 경찰청과 그 소속기관 직제 제2조.
22) 경찰청과 그 소속기관 직제 제4조 1항.
23) 경찰법 제11조 1항.
24) 경찰법 제11조 3항.
25) 경찰청과 그 소속기관 직제 제4조 2항.
26) 경찰법 제11조.

- **차장**[27]
  - 경찰청에 차장을 두며, 차장은 치안정감으로 보한다.
  - 차장은 경찰청장을 보좌하며, 경찰청장이 부득이한 사유로 직무를 수행할 수 없을 때에는 그 직무를 대행한다.

경찰청 조직도

출처 : 경찰청 홈페이지

① 대변인[28]

대변인은 경무관으로 보하며, 아래 사항에 관하여 청장을 보좌한다.

1. 주요정책에 관한 대국민 홍보계획의 수립·조정 및 협의·지원
2. 언론보도 내용에 대한 확인 및 정정보도 등에 관한 사항
3. 온라인대변인 지정·운영 등 소셜 미디어 정책소통 총괄·점검 및 평가
4. 청내 업무의 대외 정책발표사항 관리 및 브리핑 지원에 관한 사항
5. 전자브리핑 운영 및 지원에 관한 사항

---

27) 경찰법 제12조.
28) 경찰청과 그 소속기관 직제 제5조.

② 기획조정관29)

기획조정관은 치안감으로 보하며, 아래 사항에 관하여 차장을 보좌한다.

1. 행정제도, 업무처리절차 및 조직문화의 개선 등 경찰행정 개선업무의 총괄·지원
2. 조직진단 및 평가를 통한 조직과 정원(의무경찰은 제외한다)의 관리
3. 정부혁신 관련 과제 발굴·선정, 추진상황 확인·점검 및 관리
4. 주요사업의 진도파악 및 그 결과의 심사평가
5. 주요정책 및 주요업무계획의 수립·종합 및 조정
5의2. 청 내 국가사무 민간위탁 현황 관리 등 총괄
6. 치안분야 과학기술진흥을 위한 시책 수립 및 연구개발사업의 총괄·조정
7. 경찰위원회의 간사업무에 관한 사항
8. 예산의 편성과 조정 및 결산에 관한 사항
9. 국유재산관리계획의 수립 및 집행
10. 경찰 관련 규제심사 및 규제개선에 관한 사항
11. 법령안의 심사 및 법규집의 편찬·발간
12. 법령질의·회신의 총괄
13. 행정심판업무와 소송사무의 총괄

③ 경무인사기획관30)

경무인사기획관은 치안감 또는 경무관으로 보하며, 아래 사항에 관하여 차장을 보좌한다.

1. 보안 및 관인·관인대장의 관리에 관한 사항
2. 소속 공무원의 복무에 관한 사항
3. 사무관리의 처리·지도 및 제도의 연구·개선
4. 기록물의 분류·수발·통제·편찬 및 기록관 운영과 관련된 기록물의 수집·이관·보존·평가·활용 등에 관한 사항
5. 정보공개 업무

---

29) 경찰청과 그 소속기관 직제 제5조의2.
30) 경찰청과 그 소속기관 직제 제5조의3.

6. 예산의 집행 및 회계 관리

7. 청사의 방호·유지·보수 및 청사관리업체의 지도·감독

8. 경찰박물관의 운영

9. 소속 공무원의 임용·상훈 및 그 밖의 인사 업무

10. 경찰청 소속 공무원단체에 관한 사항

11. 경찰공무원의 채용·승진시험과 교육훈련의 관리

12. 경찰교육기관의 운영에 관한 감독

13. 소속 공무원의 복지제도 기획 및 운영에 관한 사항

14. 경찰행정 분야 양성평등 관련 정책 및 성희롱·성폭력 예방에 관한 사항 총괄

15. 청과 그 소속기관·산하단체 내 양성평등 관련 정책 및 성희롱·성폭력 예방에 관한 사항 총괄

16. 그 밖에 청내 다른 국 또는 담당관의 주관에 속하지 아니하는 사항

④ 감사관[31]

감사관은 고위공무원단에 속하는 일반직공무원 또는 경무관으로 보하며, 아래 사항에 관하여 차장을 보좌한다.

1. 경찰청과 그 소속기관 및 산하단체에 대한 감사

2. 다른 기관에 의한 경찰청과 그 소속기관 및 산하단체에 대한 감사결과의 처리

3. 사정업무

4. 경찰기관공무원(의무경찰을 포함한다)에 대한 진정 및 비위사항의 조사·처리

5. 민원업무의 운영 및 지도

6. 경찰 직무수행 과정상의 인권보호 및 개선에 관한 사항

7. 경찰 수사 과정상의 범죄피해자 보호 및 지원에 관한 사항

8. 기타 청장이 감사에 관하여 지시한 사항의 처리

---

31) 경찰청과 그 소속기관 직제 제6조.

⑤ 정보화장비정책관[32]

정보화장비정책관은 고위공무원단에 속하는 일반직공무원 또는 경무관으로 보하며, 아래 사항에 관하여 차장을 보좌한다.

1. 정보통신업무의 계획수립 및 추진
2. 정보화업무의 종합관리 및 개발·운영
3. 정보통신시설·장비의 운영 및 관리
4. 정보통신보안에 관한 업무
5. 정보통신교육계획의 수립 및 시행
6. 경찰장비의 운영 및 발전에 관한 사항
7. 경찰복제에 관한 계획의 수립 및 연구

⑥ 과학수사관리관[33]

경찰청 과학수사관리관은 치안감 또는 경무관으로 보하며, 아래 사항에 관하여 차장을 보좌한다.

1. 과학수사의 기획 및 지도
2. 범죄감식 및 증거분석
3. 범죄기록 및 주민등록지문의 수집·관리

⑦ 치안상황관리관[34]

치안상황관리관은 치안감 또는 경무관으로 보하며, 아래 사항에 관하여 차장을 보좌한다.

1. 치안 상황의 접수·전파, 상황판단 및 초동보고 등에 관한 사항
2. 치안상황실 운영에 관한 사항
3. 안전관리·재난상황 및 위기상황 관리기관과의 연계체계 구축·운영
4. 112신고제도의 기획·운영 및 112종합상황실 운영 총괄

---

32) 경찰청과 그 소속기관 직제 제7조.
33) 경찰청과 그 소속기관 직제 제8조.
34) 경찰청과 그 소속기관 직제 제9조.

⑧ 치안빅데이터정책담당관[35]

치안빅데이터정책담당관은 서기관 또는 기술서기관으로 보하며, 아래 사항에 관하여 차장을 보좌한다.

1. 치안분야 빅데이터 활용에 관한 정책의 수립·시행
2. 치안분야 빅데이터 분석 시스템 개발
3. 치안분야 빅데이터 담당자에 대한 교육
4. 치안분야 빅데이터 활용 관련 국내외 기관과의 교류·협력

⑨ 생활안전국[36]

생활안전국에 국장 1명을 두고, 국장 밑에 여성안전기획관을 1명을 둔다. 국장은 치안감 또는 경무관으로 보하고, 여성안전기획관은 고위공무원단에 속하는 일반직공무원으로 보한다. 국장은 아래 사항에 관하여 분장하며, 여성안전기획관은 아래 사항 중 13 ~ 16까지 사항에 관하여 국장을 보좌한다.

1. 범죄예방에 관한 연구 및 계획의 수립
2. 경비업에 관한 연구 및 지도
3. 지구대·파출소 외근업무의 기획
4. 풍속·성매매 사범에 대한 지도 및 단속
5. 총포·도검·화약류 등의 지도·단속
6. 즉결심판청구업무의 지도
7. 각종 안전사고의 예방에 관한 사항
8. 소년비행방지에 관한 업무 및 소년범죄의 수사지도
9. 소년 대상 범죄의 예방에 관한 업무
10. 아동학대의 수사, 예방 및 피해자 보호에 관한 업무
11. 가출인 및 실종아동등과 관련된 업무의 총괄
12. 실종아동등 찾기에 관한 업무
13. 여성 대상 범죄와 관련된 주요 정책의 총괄 수립·조정
14. 여성 대상 범죄 유관기관과의 협력 업무

---

35) 경찰청과 그 소속기관 직제 시행규칙 제1조의3.
36) 경찰청과 그 소속기관 직제 제11조.

15. 성폭력 및 가정폭력 범죄의 수사, 예방 및 피해자 보호에 관한 업무
16. 스토킹·성매매 예방 및 피해자 보호에 관한 업무

⑩ 수사국[37)

수사국의 국장은 치안감 또는 경무관으로 보하며, 국장은 아래 사항을 분장한다.

1. 경찰수사업무에 관한 기획·지도·조정 및 통제
2. 범죄통계 및 수사자료의 분석
3. 범죄수사의 지도 및 조정
4. 범죄의 수사에 관한 사항

⑪ 사이버안전국[38)

사이버안전국의 국장은 치안감 또는 경무관으로 보하며, 국장은 아래 사항에 관하여 분장한다.

1. 사이버공간에서의 범죄정보의 수집·분석
2. 사이버범죄 신고·상담
3. 사이버범죄 수사에 관한 사항
4. 사이버범죄 예방에 관한 사항
5. 사이버범죄 관련 국제경찰기구 등과의 협력
6. 전자적 증거분석 및 분석기법 연구·개발에 관한 사항

⑫ 교통국[39)

교통국의 국장은 치안감 또는 경무관으로 보하며, 국장은 아래 사항에 관하여 분장한다.

1. 도로교통에 관련되는 종합기획 및 심사분석
2. 도로교통에 관련되는 법령의 정비 및 행정제도의 연구
3. 교통경찰공무원에 대한 교육 및 지도
4. 도로교통시설의 관리

---

37) 경찰청과 그 소속기관 직제 제12조.
38) 경찰청과 그 소속기관 직제 제12조의2.
39) 경찰청과 그 소속기관 직제 제12조의3.

5. 자동차운전면허의 관리

6. 도로교통사고의 예방을 위한 홍보·지도 및 단속

7. 도로교통사고조사의 지도

8. 고속도로순찰대의 운영 및 지도

⑬ **경비국**[40]

경비국의 국장은 치안감 또는 경무관으로 보하며, 국장은 아래 사항에 관하여 분장한다.

1. 경비에 관한 계획의 수립 및 지도

2. 경찰부대의 운영·지도 및 감독

3. 청원경찰의 운영 및 지도

4. 민방위업무의 협조에 관한 사항

5. 경찰작전·경찰전시훈련 및 비상계획에 관한 계획의 수립·지도

6. 중요시설의 방호 및 지도

7. 예비군의 무기 및 탄약 관리의 지도

8. 대테러 예방 및 진압대책의 수립·지도

9. 의무경찰의 복무 및 교육훈련

10. 의무경찰의 인사 및 정원의 관리

11. 경호 및 요인보호계획의 수립·지도

12. 경찰항공기의 관리·운영 및 항공요원의 교육훈련

13. 경찰업무수행과 관련된 항공지원업무

⑭ **정보국**[41]

정보국에 국장 1인을 두고, 국장 밑에 정보심의관을 둔다. 국장은 치안감 또는 경무관으로, 정보심의관은 경무관으로 보한다. 국장은 아래 사항에 관하여 분장하며, 정보심의관은 기획정보업무의 조정에 관하여 국장을 보좌한다.

1. 치안정보업무에 관한 기획·지도 및 조정

2. 정치·경제·노동·사회·학원·종교·문화 등 제분야에 관한 치안정보의 수

---

40) 경찰청과 그 소속기관 직제 제13조.

41) 경찰청과 그 소속기관 직제 제14조.

집·종합·분석·작성 및 배포

3. 정책정보의 수집·종합·분석·작성 및 배포

4. 집회·시위등 집단사태의 관리에 관한 지도 및 조정

5. 신원조사 및 기록관리

⑮ 보안국[42]

보안국의 국장은 치안감 또는 경무관으로 보하며, 국장은 아래 사항에 관하여 분장한다.

1. 보안경찰업무에 관한 기획 및 교육

2. 보안관찰에 관한 업무지도

3. 북한이탈 주민관리 및 경호안전대책 업무

4. 간첩등 보안사범에 대한 수사의 지도·조정

5. 보안관련 정보의 수집 및 분석

6. 남북교류와 관련되는 보안경찰업무

7. 간첩등 중요방첩수사에 관한 업무

8. 중요좌익사범의 수사에 관한 업무

⑯ 외사국[43]

외사국의 국장은 치안감 또는 경무관으로 보하며, 국장은 아래 사항에 관하여 분장한다.

1. 외사경찰업무에 관한 기획·지도 및 조정

2. 재외국민 및 외국인에 관련된 신원조사

3. 외국경찰기관과의 교류·협력

4. 국제형사경찰기구에 관련되는 업무

5. 외사정보의 수집·분석 및 관리

6. 외국인 또는 외국인과 관련된 간첩의 검거 및 범죄의 수사지도

7. 외사보안업무의 지도·조정

8. 국제공항 및 국제해항의 보안활동에 관한 계획 및 지도

---

42) 경찰청과 그 소속기관 직제 제15조.
43) 경찰청과 그 소속기관 직제 제5조의2.

(2) 지방경찰청

지방경찰청은 경찰청의 사무를 지역적으로 분담하여 수행하기 위하여 특별시장·광역시장 및 도지사 소속하에 지방경찰청을 두고 있지만 특별시장·광역시장 및 도지사의 지휘·감독을 받지 않고 경찰청장의 지휘·감독을 받아 경찰사무를 관장하고 소속공무원 및 소속기관의 장을 지휘·감독한다.[44] 지방경찰청장은 경찰서장의 소관 사무를 분장하기 위하여 행정안전부령이 정하는 바에 따라 경찰청장의 승인을 얻어 지구대 또는 파출소를 둘 수 있다.[45]

① 지방경찰청 명칭

지방경찰철의 관할구역은 행정안전부령으로 정하며, 명칭 및 위치는 아래와 같다.

지방경찰청 명칭 및 위치, 관할구역

명칭	위치	관할구역
서울특별시지방경찰청	서울특별시	서울특별시 일원
부산광역시지방경찰청	부산광역시	부산광역시 일원
대구광역시지방경찰청	대구광역시	대구광역시 일원
인천광역시지방경찰청	인천광역시	인천광역시 일원
광주광역시지방경찰청	광주광역시	광주광역시 일원
대전광역시지방경찰청	대전광역시	대전광역시 일원
울산광역시지방경찰청	울산광역시	울산광역시 일원
세종특별자치시지방경찰청	세종특별자치시	세종특별자치시 일원
경기도남부지방경찰청	경기도	경기도 남부 일원
경기도북부지방경찰청	경기도	경기도 북부 일원
강원도지방경찰청	강원도	강원도 일원

44) 김형중·김순석·김양현·정의롬·조상현. (2020). 경찰학총론. 청목출판사. 275.
45) 경찰청과 그 소속기관 직제 제44조 1항.

충청북도지방경찰청	충청북도	충청북도 일원
충청남도지방경찰청	충청남도	충청남도 일원
전라북도지방경찰청	전라북도	전라북도 일원
전라남도지방경찰청	전라남도	전라남도 일원
경상북도지방경찰청	경상북도	경상북도 일원
경상남도지방경찰청	경상남도	경상남도 일원
제주특별자치도지방경찰청	제주특별자치도	제주특별자치도 일원

출처: 경찰청과 그 소속기관 직제 시행규칙 [별표 1]

② **지방경찰청장**[46]
- 지방경찰청에 청장 1인을 둔다.
- 지방경찰청장은 경찰청장의 명을 받아 소관사무를 통할하고, 소속공무원을 지휘·감독한다.
- 서울특별시·부산광역시·인천광역시 및 경기도남부 지방경찰청장은 치안정감으로, 그 밖의 지방경찰청장은 치안감 또는 경무관으로 보한다.

③ **지방경찰청 차장**[47]
- 지방경찰청장을 보조하기 위하여 서울특별시·경기도남부 및 제주특별자치도의 지방경찰청에 차장 각 1명을 둔다.
- 서울특별시지방경찰청 및 경기도남부지방경찰청의 차장은 치안감으로, 그 외의 지방경찰청 차장은 경무관으로 보한다.

---

46) 경찰청과 그 소속기관 직제 제40조.
47) 경찰청과 그 소속기관 직제 제41조.

서울지방경찰청 조직도

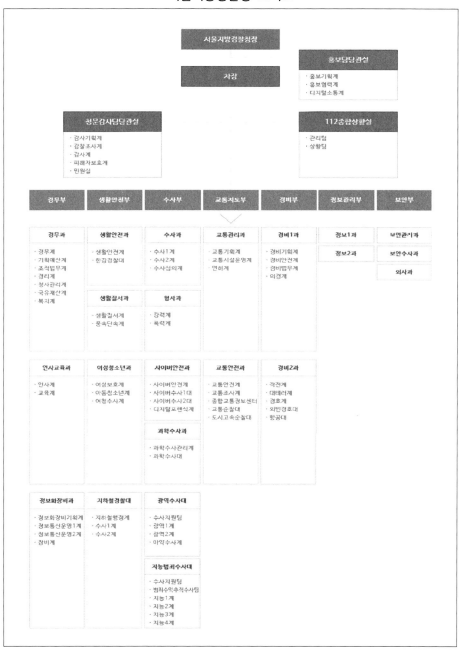

출처 : 경찰청 홈페이지

(3) 경찰서

경찰서는 지방경찰청장의 소관사무를 분장하기 위하여 지방경찰청장 소속하에 255개 경찰서의 범위안에서 경찰서를 두고 있다.[48] 경찰서장은 경찰법(1991년) 제정 이전에도 경찰행정청의 지위를 가지고 있었다.[49] 경찰서는 1급지·2급지 및 3급지로 구분한다.[50] 서울지방경찰청, 부산지방경찰청, 대구지방경찰청, 광주지방경찰청, 대전지방경찰청, 울산지방경찰청, 세종지방경찰청, 제주지방경찰청 소속의 경찰서는 1급지에 해당한다.

① **경찰서장**[51]
- 경찰서에 경찰서장을 두며, 경찰서장은 경무관, 총경(總警) 또는 경정(警正)으로 보한다.
- 경찰서장은 지방경찰청장의 지휘·감독을 받아 관할구역의 소관 사무를 관장하고 소속 공무원을 지휘·감독한다.
- 경찰서장 소속으로 지구대 또는 파출소를 두고, 그 설치기준은 치안수요·교통·지리 등 관할구역의 특성을 고려하여 행정안전부령으로 정한다. 다만, 필요한 경우에는 출장소를 둘 수 있다.

경찰서장을 경무관으로 보하는 경찰서

지방경찰청명	경찰서명
서울특별시지방경찰청	서울송파경찰서, 서울강서경찰서
부산광역시지방경찰청	부산해운대경찰서
대구광역시지방경찰청	대구성서경찰서
인천광역시지방경찰청	인천남동경찰서
광주광역시지방경찰청	광주광산경찰서

---

48) 경찰청과 그 소속기관 직제 제43조 1항.
49) 김창윤 외 27인 공저. (2020). 경찰학. 박영사. 379.
50) 경찰청과 그 소속기관 직제 시행규칙 제50조 1항.
51) 경찰법 제17조.

경기도남부지방경찰청	수원남부경찰서, 분당경찰서, 부천원미경찰서
충청북도지방경찰청	청주흥덕경찰서
전라북도지방경찰청	전주완산경찰서
경상남도지방경찰청	창원중부경찰서

출처: 경찰청과 그 소속기관 직제 [별표 2의2]

② **지구대 및 파출소의 설치기준[52]**

경찰서장의 소관사무를 분장하기 위하여 경찰서장 소속하에 지구대를 두되, 아래 사항에 해당하는 경우에는 파출소를 둘 수 있다.

1. 도서, 산간 오지, 농·어촌 벽지 등 교통·지리적 원격지로 인접 경찰관서에서의 출동이 용이하지 아니한 경우
2. 관할구역안에 국가중요시설 등 특별한 경계가 요구되는 시설이 있는 경우
3. 휴전선 인근 등 보안상 취약지역을 관할하는 경우
4. 그 밖에 치안수요가 특수하여 지구대를 운영하는 것이 적당하지 아니한 경우

2) 경찰의결기관

경찰의결기관은 경찰행정청의 의사를 구속하는 의결을 행하는 행정기관으로써 행정안전부 소속의 경찰위원회가 있다. 경찰위원회는 경찰이 정치적으로 중립을 유지하게 함으로써 경찰이 정치도구로 전락하는 것을 방지하고자 한다.[53]

(1) 경찰위원회

경찰위원회는 경찰의 민주적 조직관리와 정치적 중립성의 확보를 위하여 1991년 「경찰법」의 제정으로 설치되었으며, 1991년 7월 31일 경찰위원회 1기가 발족하였다.

---

52) 경찰청과 그 소속기관 직제 시행규칙 제50조의2
53) 이황우·조병인·최응렬. (2006). 경찰학개론. 한국형사정책연구원. 96.

경찰위원회는 경찰행정에 관한 사항을 심의·의결하기 위하여 행정안전부에 경찰위원회를 두고 있다.[54] 경찰위원회는 독임제(獨任制) 경찰관청인 경찰청장의 단독 의사결정의 단점을 보완하는 기능을 수행하며, 합의제(合議制) 심의·의결기관이다.[55] 경찰위회는 심의·의결기관이므로 경찰위원회의 의결을 거치지 않거나, 의결된 내용과 다르게 집행하게 되면 이는 위법이 된다.[56]

(2) 경찰위원회 구성

경찰위원회는 위원장 1명을 포함한 7명의 위원으로 구성하되, 위원장 및 5명의 위원은 비상임(非常任)으로 하고, 1명은 상임(常任)으로 하며, 상임위원은 정무직으로 한다.[57]

(3) 경찰위원회 위원장 및 위원

경찰위원회 위원장은 위원회를 대표하며, 그 회무를 통할한다. 위원장은 비상임위원 중에서 호선하며, 위원장이 사고가 있을 때에는 상임위원, 위원 중 연장자 순으로 위원장의 직무를 대리한다.[58]

경찰위원회 위원은 행정안전부 장관의 제청으로 국무총리를 거쳐 대통령이 임명하며, 행정안전부장관은 위원 임명을 제청할 때 국가경찰의 정치적 중립이 보장되어야 하며, 위원 중 2명은 법관의 자격이 있어야 한다.[59]

(4) 경찰위원회 결격사유[60]

1. 당적(黨籍)을 이탈한 날부터 3년이 지나지 아니한 사람
2. 선거에 의하여 취임하는 공직에서 퇴직한 날부터 3년이 지나지 아니한 사람
3. 경찰, 검찰, 국가정보원 직원 또는 군인의 직(職)에서 퇴직한 날부터 3년이

---

54) 경찰법 제5조 1항.
55) 최선우. (2017). 경찰학. 그린출판사. 299.
56) 김창윤 외 27인. (2020). 경찰학. 박영사. 380.
57) 경찰법 제5조 1항 및 2항.
58) 경찰위원회규정 제2조.
59) 경찰법 제6조 1항~3항.
60) 경찰법 제6조 4항.

지나지 아니한 사람

4. 「국가공무원법」 제33조 각 호의 어느 하나에 해당하는 사람

• 국가공무원법 제33조

1. 피성년후견인 또는 피한정후견인

2. 파산선고를 받고 복권되지 아니한 자

3. 금고 이상의 실형을 선고받고 그 집행이 종료되거나 집행을 받지 아니하기로 확정된 후 5년이 지나지 아니한 자

4. 금고 이상의 형을 선고받고 그 집행유예 기간이 끝난 날부터 2년이 지나지 아니한 자

5. 금고 이상의 형의 선고유예를 받은 경우에 그 선고유예 기간 중에 있는 자

(5) 경찰위원회 임기[61]

경찰위원회의 위원의 임기는 3년으로 하며, 연임(連任)할 수 없다. 이 경우 보궐위원의 임기는 전임자 임기의 남은 기간으로 한다. 위원은 정당에 가입하거나, 선거직 및 경찰, 검찰, 국가정보원, 군인 등에 취임 또는 임용되거나, 국가공무원의 결격사유에 해당하게 된 때에는 당연히 퇴직된다. 그리고 위원은 중대한 신체상 또는 정신상의 장애로 직무를 수행할 수 없게 된 경우를 제외하고는 그 의사에 반하여 면직되지 아니한다.

(6) 경찰위원회 운영[62]

경찰위원회의 사무는 경찰청에서 수행하며, 위원회의 회의는 재적위원 과반수의 출석과 출석위원 과반수의 찬성으로 의결한다. 경찰법에 규정된 것 외에 위원회의 운영 및 심의·의결 사항의 구체적 범위, 재의 요구 등에 필요한 사항은 대통령령으로 정한다.

---

61) 경찰법 제7조.

62) 경찰법 제10조.

(7) 경찰위원회 심의·의결 사항[63]

1. 국가경찰의 인사, 예산, 장비, 통신 등에 관한 주요정책 및 국가경찰 업무 발전에 관한 사항

---

1. 경찰청 소관 법령과 행정규칙의 제정·개정 및 폐지에 관한 사항
2. 경찰공무원의 채용·승진 등 인사운영 기준에 관한 사항
3. 경찰공무원에 대한 교육 및 복지 증진에 관한 사항
4. 경찰복제 및 경찰장비에 관한 사항
5. 경찰정보통신 개발 및 운영에 관한 사항
6. 경찰조직 및 예산 편성 등에 관한 사항
7. 경찰 중·장기 발전계획에 관한 사항
8. 그 밖에 위원회가 경찰 주요정책 및 국가경찰 업무 발전에 필요하다고 인정하는 사항[64]

---

2. 인권보호와 관련되는 국가경찰의 운영·개선에 관한 사항

---

1. 국민의 권리·의무와 직접 관계되는 경찰행정 및 수사절차
2. 경찰행정과 관련되는 과태료·범칙금 기타 벌칙에 관한 사항
3. 경찰행정과 관련되는 국민의 부담에 관한 사항[65]

---

3. 국가경찰의 부패 방지와 청렴도 향상에 관한 주요 정책사항
4. 국가경찰 임무 외에 다른 국가기관으로부터의 업무협조 요청에 관한 사항
5. 제주특별자치도의 자치경찰에 대한 국가경찰의 지원·협조 및 협약체결의 조정 등에 관한 주요 정책사항
6. 그 밖에 행정안전부장관 및 경찰청장이 중요하다고 인정하여 위원회의 회의에 부친 사항

---

[63] 경찰법 제9조 1항 1호~6호.
[64] 경찰위원회 규정 제5조 1항 1호~8호.
[65] 경찰위원회규정 제5조 2항 1호~3호.

(8) 경찰위원회 재의(再議)요구

행정안정부장관은 경찰위원회의 심의·의결된 내용이 적정하지 아니하다고 판단할 때에는 재의(再議)를 요구할 수 있다.[66] 재의를 요구하는 경우에는 의결한 날부터 10일 이내에 재의요구서를 위원회에 제출하여야 하며, 위원장은 재의요구가 있는 경우에는 그 요구를 받을 날부터 7일 이내에 회의를 소집하여 다시 의결하여야 한다.[67]

(9) 경찰위원회 운영

경찰위원회의 회의는 정기회의와 임시회의로 구분한다. 정기회의는 특별한 사유가 있는 경우를 제외하고는 매월 2회 위원장이 소집한다. 임시회외는 위원장이 필요한 경우와 위원 3인 이상과 행정안전부장관 또는 경찰청장은 위원장에게 임시회의의 소집을 요구할 수 있다. 임시회의소집 요구가 있는 경우에는 위원장은 특별한 사유가 없는 한 회의를 소집하여야 한다.[68]

경찰위원회에 간사 1인을 두되, 간사는 경찰청 기획담당관이 된다. 간사는 위원장의 명을 받아 1. 의안의 작성, 2. 회의진행에 필요한 준비, 3. 회의록 작성과 보관, 4. 기타 위원회의 사무를 처리한다.[69]

3) 경찰자문기관

(1) 치안행정협의회

치안행정협의회는 지방행정과 치안행정의 업무조정과 그 밖에 필요한 사항을 협의·조정하기 위하여 시·도지사(제주특별자치도지사는 제외) 소속으로 치안행정협의회를 둔다.[70]

---

66) 경찰법 제9조 2항.
67) 경찰위원회규정 제6조.
68) 경찰위원회규정 제7조.
69) 경찰위원회규정 제8조.
70) 경찰법 제16조.

치안행정협의회는 치안행정의 업무 협조를 위한 협의기구로써 지방행정관청을 구속하지 않으며, 단순한 자문기구의 성격을 지니고 있다.[71]

(2) 치안행정협의회 구성

치안행정협의회는 위원장을 포함한 위원 9인으로 구성한다.[72]

(3) 치안행정협의회 위원장 및 위원

치안행정협의회 위원장은 서울특별시·직할시 또는 도의 부시장 또는 부지사가 되고, 위원은 1. 시·도소속 공무원 중 서울특별시장·직할시장 또는 도지사가 임명하는 자 2인, 2. 지방경찰청소속 경찰공무원 중 지방경찰청장의 추천으로 시·도지사가 임명하는 자 3인, 3. 지방행정과 치안행정에 관한 학식과 경험이 있는 자로서 지방경찰청장의 의견을 들어 시·도지사가 위촉하는 자 3인으로 구성한다. 위원의 임기는 2년으로 한다.[73]

치안행정협의회 위원장은 협의회를 대표하여 그 회무를 통할하며, 위원장이 사고가 있을 때에는 위원장이 미리 지명하는 자가 그 직무를 대행한다.[74]

(4) 치안행정협의회 회의

치안행정협의회의 회의는 매분기 1회 개최하되, 특정 사안에 관하여 지방행정과 치안행정과의 업무협조 등을 위하여 필요한 경우에는 수시로 개최할 수 있으며, 회의는 위원장이 소집한다.[75]

치안행정협의회의 사무를 처리하게 하기 위하여 간사 2인을 두되, 시도의 기획담당관 및 지방경찰청 경무과장이 되며, 간사는 위원장의 명을 받아 1. 소관 의안의 작성, 2. 회의진행에 필요한 준비, 3. 회의록의 작성과 보관, 4. 기타 위원회의 사무 등을 처리한다.[76]

---

71) 김창윤 외 27인. (2020). 경찰학. 박영사. 383.
72) 치안행정협의회규정 제3조 1항.
73) 치안행정협의회규정 제3조 2항 및 3항.
74) 치안행정협의회규정 제4조.
75) 치안행정협의회규정 제5조.
76) 치안행정협의회규정 제6조.

(5) 치안행정협의회 기능

1. 지역안정 및 질서유지에 관한 사항
2. 민방위 및 재해대책 운영에 관한 사항
3. 질서확립운동 등 지역사회운동의 효율적 추진에 관한 사항
4. 지역주민과 경찰간의 협조 및 요망사항
5. 기타 지방행정과 치안행정간 상호지원에 관한 사항과 시·도지사 및 지방
   경찰청장이 회의에 부치는 사항[77]

4) 경찰집행기관

경찰집행기관은 경찰목적을 달성하기 위하여 실력으로써 행정의사를 실현하는 기관으로써 직무의 일반성 여부에 따라 일반경찰집행기관과 특별경찰집행기관으로 구분할 수 있다.[78] 경찰집행기관은 의사결정기관이 아니라 의사집행기관이다.

(1) 일반경찰집행기관

일반적으로 경찰업무를 집행하는 기관으로써 국가경찰공무원은 경찰집행기관에 해당된다. 경찰공무원법의 적용을 받는 순경, 경장, 경사, 경위, 경감, 경정, 총경, 경무관, 치안감, 치안정감, 치안총감이 이에 해당한다. 따라서 경찰공무원은 경찰집행기관의 위치에서 경찰의사를 집행한다. 또한 이들은 「경찰공무원법」을 적용 받는 경력직 공무원 중 특정직 공무원으로서 제복을 착용하고 무기를 휴대 및 사용할 수 있다.

일반경찰집행기관을 이루는 경찰공무원은 사법경찰에 관한 직무 즉, 범죄수사를 담당하고 있으며, 이를 '사법경찰관리'라 칭한다. 사법경찰관리는 순경에서 경무관까지 해당하며, 순경·경장·경사는 '사법경찰리', 경위·경감·경정·총경·경무관은 '사법경찰관'이라 한다. 사법경찰관리는 검사의 지휘를 받아 「형사소송법」이 정하는 바에 따라 그 직무를 수행한다.

---

77) 치안행정협의회규정 제2조.
78) 이황우·조병인·최응렬. (2006). 경찰학개론. 한국형사정책연구원. 98.

공무원의 구분[79]

경력직 공무원	실적과 자격에 따라 임용되고 그 신분이 보장되며 평생 동안(근무기간을 정하여 임용하는 공무원의 경우에는 그 기간 동안을 말한다) 공무원으로 근무할 것이 예정되는 공무원
	1. 일반직공무원: 기술·연구 또는 행정 일반에 대한 업무를 담당하는 공무원 2. 특정직공무원: 법관, 검사, 외무공무원, 경찰공무원, 소방공무원, 교육공무원, 군인, 군무원, 헌법재판소 헌법연구관, 국가정보원의 직원, 경호공무원과 특수 분야의 업무를 담당하는 공무원으로서 다른 법률에서 특정직공무원으로 지정하는 공무원
특수경력직 공무원	경력직공무원 외의 공무원
	1. 정무직공무원 　가. 선거로 취임하거나 임명할 때 국회의 동의가 필요한 공무원 　나. 고도의 정책결정 업무를 담당하거나 이러한 업무를 보조하는 공무원으로서 법률이나 대통령령(대통령비서실 및 국가안보실의 조직에 관한 대통령령만 해당한다)에서 정무직으로 지정하는 공무원 2. 별정직공무원: 비서관·비서 등 보좌업무 등을 수행하거나 특정한 업무 수행을 위하여 법령에서 별정직으로 지정하는 공무원

(2) 특별경찰집행기관

특별경찰집행기관은 특별한 분야에서 경찰의 임무를 담당하는 특정직 공무원을 의미한다.[80] 특별경찰집행기관에는 협의의 행정경찰, 의무경찰, 청원경찰, 비상경찰 등을 들 수 있다.

① 협의의 행정경찰

협의의 행정경찰은 위생경찰, 건축경찰, 경제경찰, 산림경찰 등 경찰이라는 명칭이 붙지 않는 행정기관에 의하여 그 행정분야에서 발생할 수 있는 사회공공의 안녕과 질서를 유지하기 위한 경찰행정기관을 의미한다. 협의의 행정경찰은 다른 행정작용과 결합함으로 독자성을 지니지 않으며, 형식적 의미의 경찰에 해당하지 않고 실질적 의미의 경찰에 해당한다.

---

79) 국가공무원법 제2조.
80) 이황우·조병인·최응렬. (2006). 경찰학개론. 한국형사정책연구원. 100.

② 의무경찰

의무경찰은 사회 곳곳에서 시민의 생명과 재산을 보호하고 사회질서 확립을 위해 헌신하는 경찰로써, 병역준비역에 해당하는 병역대상자 중 경찰청장이 선발하여 국방부 장관에게 추천하여 전환복무 된 자를 의무경찰이라 한다. 의무경찰은 대간첩 작전임무 수행, 방범순찰, 집회 시위 관리, 교통질서 유지 등의 임무를 수행한다.[81]

③ 청원경찰

청원경찰은 1. 국가기관 또는 공공단체와 그 관리하에 있는 중요 시설 또는 사업장, 2. 국내 주재(駐在) 외국기관, 3. 그 밖에 행정안전부령으로 정하는 중요 시설, 사업장 또는 장소에 해당하는 기관의 장 또는 시설·사업장 등의 경영자가 경비를 부담할 것을 조건으로 경찰의 배치를 신청하는 경우 그 기관·시설 또는 사업장 등의 경비(警備)를 담당하게 하기 위하여 배치하는 경찰을 말한다.[82] 청원경찰은 청원경찰의 배치 결정을 받은 자(청원주)와 배치된 기관·시설 또는 사업장 등의 구역을 관할하는 경찰서장의 감독을 받아 그 경비구역만의 경비를 목적으로 필요한 범위에서 「경찰관 직무집행법」에 따른 경찰관의 직무를 수행한다.[83]

④ 비상경찰

비상경찰은 일반경찰조직으로는 치안을 유지할 수 없는 비상사태 발생 시 군 병력으로써 치안의 유지 또는 확보에 나서는 것으로 군사기관이 담당 기관이 된다. 비상경찰기관에는 위수사령과과 계엄사령관이 이에 해당된다.

---

81) 대한민국 의무경찰 홈페이지.
82) 청원경찰법 제2조.
83) 청원경찰법 제3조.

제2부

경찰의 임무는 무엇인가?

제1장

생활안전경찰

1 생활안전경찰

생활안전경찰은 범죄 발생을 사전에 차단하고자 범죄예방정책의 수립과 집행, 활동 등을 통하여 국민의 생명과 신체, 재산 보호 그리고 공공의 안녕과 질서 유지 등 경찰의 목적을 달성하고자 하는 상대적으로 광범위한 경찰의 의미한다.[84] 과거에는 생활안전경찰을 '방범경찰'이라고 하였으며, 생활안전경찰은 방범경찰의 임무 및 기능 등을 확대한 개념이다.[85]

2 생활안전경찰활동의 특성

생활안전경찰은 우리 사회에서 발생하는 수 많은 범죄가 발생 하기 이전에 방지하는 것으로 예방경찰의 특성을 지니고 있다. 경찰의 업무에 있어서 수사, 정보,

---

84) 김영식. (2015). 경찰학각론. 청목출판사. 11.
85) 최선우. (2017). 경찰학. 그린출판사. 561.

교통, 경비 등 한정된 분야를 제외하고는 경찰활동의 전반에 있어서 생활안전경찰의 대상이 되므로 그 업무는 매우 복잡하고 다양하다고 할 수 있다. 생활안전경찰은 범죄예방에 있어서 기본 임무이기도 하며, 범죄가 발생하였을 때 범인을 신속하게 검거 하는 등 업무의 긴박성 및 즉효성 등의 특징을 지니고 있다. 생활안전경찰은 타 경찰부서에 비해 지역 사회에서 지역 주민들을 가장 밀접하게 접촉하며, 그 업무 역시 매우 다양하며, 관령 법령 역시 다양하다 할 수 있다. 따라서 생활안전경찰은 전문적이며 기술적이며, 지역 사회의 다양한 분야에서 업무를 담당하기에 타 분야의 지원을 담당하기도 한다.

3 생활안전경찰의 조직

1) 생활안전국장

경찰청은 생활안전국에 국장 1명을 두고, 치안감 또는 경무관으로 보한다. 생활안전국장은 아래 사항을 분장한다.[86]

 1. 범죄예방에 관한 연구 및 계획의 수립
 2. 경비업에 관한 연구 및 지도
 3. 지구대·파출소 외근업무의 기획
 4. 풍속·성매매 사범에 대한 지도 및 단속
 5. 총포·도검·화약류 등의 지도·단속
 6. 즉결심판청구업무의 지도
 7. 각종 안전사고의 예방에 관한 사항
 8. 소년비행방지에 관한 업무 및 소년범죄의 수사지도
 9. 소년 대상 범죄의 예방에 관한 업무
 10. 아동학대의 수사, 예방 및 피해자 보호에 관한 업무
 11. 가출인 및 「실종아동등의 보호 및 지원에 관한 법률」 제2조제2호에 따른 실종아동등과 관련된 업무의 총괄

---

86) 경찰청과 그 소속기관 직제 제11조.

12. 실종아동등 찾기에 관한 업무

13. 여성 대상 범죄와 관련된 주요 정책의 총괄 수립·조정

14. 여성 대상 범죄 유관기관과의 협력 업무

15. 성폭력 및 가정폭력 범죄의 수사, 예방 및 피해자 보호에 관한 업무

16. 스토킹·성매매 예방 및 피해자 보호에 관한 업무

2) 생활안전국 각 과장

생활안전국에 범죄예방정책과·생활질서과·아동청소년과·여성안전기획과 및 여성대상범죄수사과를 두며, 각 과장은 총경으로 보한다.[87)]

(1) 범죄예방정책과장

1. 범죄예방에 관한 연구 및 계획의 수립

2. 경비업에 관한 연구 및 지도

3. 지구대·파출소 외근업무의 기획

4. 기타 국내 다른 과의 주관에 속하지 아니하는 사항

(2) 생활질서과장

1. 풍속·성매매 사범에 관한 지도 및 단속

2. 총포·도검·화약류 등의 지도 및 단속

3. 즉결심판청구업무의 지도

4. 각종 안전사고의 예방에 관한 사항

(3) 아동청소년과장

1. 청소년에 대한 범죄의 예방에 관한 업무

2. 청소년 비행 방지에 관한 업무

3. 비행소년의 보호지도에 관한 업무

4. 아동학대의 수사 및 예방과 피해자 보호에 관한 업무

---

87) 경찰청과 그 소속기관 직제 시행규칙 제8조.

5. 아동학대 및 소년범죄 수사의 기획·지도와 관련 정보의 처리

6. 가출인 및 「실종아동등의 보호 및 지원에 관한 법률」 제2조제2호에 따른 실종아동등과 관련된 정책 수립 및 관리

7. 실종사건 수사의 기획·지도와 관련 정보의 처리

(4) 여성안전기획과장

1. 여성 대상 범죄의 연구 및 예방에 관한 업무

2. 여성 대상 범죄 유관기관과의 교류협력

3. 성폭력·가정폭력 및 스토킹 예방 및 피해자 보호에 관한 업무

4. 성매매 예방 및 피해자 보호에 관한 업무

5. 성폭력범죄자(「성폭력범죄의 처벌 등에 관한 특례법」 제42조에 따른 신상정보 등록대상자를 포함한다)의 재범방지에 관한 업무

(5) 여성대상범죄수사과장

1. 성폭력 및 가정폭력 범죄 수사의 기획·지도와 관련 정보의 처리

2. 여성 대상 범죄 피해자 통합지원센터 및 진술녹화실의 운영

3. 여성 대상 범죄 수사 전담경찰관에 대한 교육·지도

4 | 지역경찰

1) 지역경찰 의미

지역경찰은 지구대, 파출소, 치안센터 등 생활안전부서의 일선 운영체계로서, 지역사회와 직접적으로 상호작용을 하고 있는 최하위의 지역경찰관서를 의미한다.[88] 지역경찰은 지역사회의 치안활동을 효율적으로 수행하는 지역경찰관서 소속의 경찰공무원 및 전투경찰순경을 말한다. 여기서 지역경찰관서랑 지구대 및 파출소를 의미한다.[89]

---

88) 최선우. (2017). 경찰학. 그린출판사. 566.

2) 지역경찰 설치

지역경찰관서 설치는 지방경찰청장이 인구, 면적, 행정구격, 교통·지리적 여건, 각종 사건사고 발생 등을 고려하여 경찰서의 관할구역을 나누어 설치한다.[90]

3) 지역경찰관서장

지역경찰관서장은 지역경찰관서의 사무를 통할하고 소속 지역경찰을 지휘·감독하기 위해 지구대장 및 파출소장을 둔다. 지구대장은 경정 또는 경감, 파출소장은 경감 또는 경위로 보하며, 지역경찰관서장은 아래 사항의 직무를 수행한다.[91]
1. 관내 치안상황의 분석 및 대책 수립
2. 지역경찰관서의 시설·예산·장비의 관리
3. 소속 지역경찰의 근무와 관련된 제반사항에 대한 지휘 및 감독
4. 경찰 중요 시책의 홍보 및 협력치안 활동

4) 지역경찰의 조직

지역경찰관서에는 관리팀과 상시·교대근무로 운영하는 복수의 순찰침을 두며, 관리팀은 문서의 접수 및 처리, 시설 및 장비의 관리, 예산의 집행 등 지역경찰관서의 행정업무를 담당한다. 순찰은 범죄예방 순찰, 각종 사건사고에 대한 초동조치 등 현장 치안활동을 담당하며, 팀장은 경감 또는 경위로 보한다. 순찰팀장은 아래 사항의 직무를 수행한다.[92]
1. 근무교대시 주요 취급사항 및 장비 등의 인수인계 확인
2. 관리팀원 및 순찰팀원에 대한 일일근무 지정 및 지휘·감독
3. 관내 중요 사건 발생시 현장 지휘

---

89) 지역경찰의 조직 및 운영에 관한 규칙 제2조.
90) 지역경찰의 조직 및 운영에 관한 규칙 제4조.
91) 지역경찰의 조직 및 운영에 관한 규칙 제5조.
92) 지역경찰의 조직 및 운영에 관한 규칙 제6조~제8조.

4. 지역경찰관서장 부재시 업무 대행

5) 치안센터

(1) 치안센터 설치

치안센터 설치는 지방경찰청장이 지역치안을 효율적으로 수행하기 위하여 지역경찰관서장 소속하에 치안센터를 설치할 수 있다.[93]

(2) 치안센터장

경찰서장은 치안센터에 전담근무자를 배치하는 경우 전담근무자 중 1명을 치안센터장으로 지정할 수 있으며, 치안센터장의 임무는 아래와 같다.[94]

1. 경찰 민원 접수 및 처리
2. 관할지역 내 주민 여론 수렴 및 보고
3. 타기관 협조 등 협력방범활동
4. 기타 치안센터 운영과 관련된 문제점 및 개선대책 수립 및 보고

(3) 치안센터의 종류

치안센터는 설치목적에 따라 검문소형과 출장소형으로 구분하며, 출장소형 치안센터는 지리적 여건·치안수요 등을 고려하여 필요한 경우 직주일체형으로 운영할 수 있다.

검문소형 치안센터는 적의 침투 예상로 또는 주요 간선도로의 취약요소 등에 교통통제 요소 등을 고려하여 설치하며, 근무자의 임무는 아래와 같다.

1. 거점 형성에 의한 지역 경계
2. 불순분자 색출 및 제 경찰사범의 단속 및 검거
3. 관할내 각종 사건·사고 발생시 초동조치

---

93) 지역경찰의 조직 및 운영에 관한 규칙 제10조.
94) 지역경찰의 조직 및 운영에 관한 규칙 제14조.

출장소형 치안센터는 지역 치안활동의 효율성 및 주민 편의 등을 고려하여 필요한 지역에 설치하며, 근무자의 임무는 아래와 같다.

1. 범죄예방 순찰 및 위험발생 방지
2. 방문 민원 접수 및 처리
3. 관할내 각종 사건사고 발생시 초동조치
4. 관할 내 주민여론 청취 등 지역사회 경찰활동

직주일체형 치안센터는 출장소형 치안센터 중 근무자가 치안센터 내에서 거주하면서 근무하는 형태의 치안센터를 말하며, 직주일체형 치안센터에는 배우자와 함께 거주함을 원칙으로 하며, 배우자는 근무자 부재시 방문 민원 접수·처리 등 보조 역할을 수행한다.

5 순 찰

순찰이란 경찰공무원이 일정한 지역을 차량이나 도보 등의 방법으로 인해 지역 내의 상황을 파악하고 교통과 범죄를 단속하며 청소년을 선도하며, 위험발생을 방지하면 주민의 보호 및 상담 등을 행하는 경찰활동을 의미한다.[95] 순찰은 지역경찰이 수행하는 가장 대표적인 근무이며 범죄예방에 있어서 직접적·간접적으로 기여한다.

1) 순찰의 기능

- 범죄예방 및 억제
- 범죄자 검거
- 지역 주민과의 유대관계 형성
- 범죄두려움 감소

---

95) 신현기. (2015). 경찰학개론. 법문사. 436.

2) 순찰의 종류

(1) 노선에 의한 순찰

① **정선순찰** : 사전에 정해진 시간과 노선에 따라 순찰하는 방식으로 순찰노선이 일정하며, 활동이 규칙적이라서 순찰 근무자의 연락 및 감독이 용이하다. 하지만 순찰노선이 일정함으로, 범죄자가 이를 역이용 할 수 있다. 또한 순찰근무자의 자율성을 저해함으로 형식적인 순찰이 될 수 있다는 단점을 지니고 있다.

② **난선순찰** : 순찰노선을 사전에 정하지 않고 순찰 근무자가 임의로 순찰지역이나 노선을 선정하여 불규칙적으로 순찰하는 방식이다. 난선순찰은 범죄자가 순찰근무자의 노선을 파악하기 쉽지 않으므로 범죄를 예방할 수 있으나, 순찰근무자의 연락 및 감독이 용이하지 않으며, 순찰근무자의 태만과 소홀을 야기할 수 있다.

③ **요점순찰** : 순찰구역의 주요 지점을 선정하여 순찰근무자가 주요 지점을 통과하며, 주요 지점 사이에는 난선순찰을 선택하는 순찰방식이다. 요점순찰은 정선순찰과 난선순찰의 장점을 극대화하고 단점을 보완한 절충적인 순찰방식이다.

④ **구역순찰** : 넓은 지역을 사고발생이나 인구분포, 범죄유발요인 등을 고려하여 소구역을 지정하고, 소구역에 따른 자율 순찰방식이다.

(2) 기동력에 의한 순찰

① **도보순찰** : 순찰근무자가 순찰 구역을 걸어서 순찰하는 방식으로, 특별한 경비가 들지 않으며, 지역 주민과의 잦은 접촉으로 지역 주민과의 친밀감이 높아질 수 있다. 또한 순찰 구역을 상세히 관찰하여 정황관찰을 하기에 용이하다. 하지만 걸어서 순찰을 하게 됨으로 피로감이 높아지며 기동성의 부족과 장비를 휴대하는 것이 다소 불편하다.

② **자동차 순찰** : 자동차를 이용함으로 넓은 구역을 순찰하기에 편리하며, 기동성이 높으므로 신속한 사건 및 사고를 처리하기에 용이하다. 또한 경찰의 장비를

적재하기 편리하다. 하지만 자동차로 인해 많은 경비가 소요되며, 좁은 구역을 순찰하기에는 적절하지 못하며, 정황관찰을 하기에 부적절하다.

③ 오토바이 순찰 : 자동차가 순찰하지 못하는 좁은 골목길을 순찰하기에 용이하며, 기동성 및 가시효과가 높다. 하지만 안전성 및 오토바이 소음 등으로 인해 은밀한 순찰을 하기에는 부적절하다.

④ 자전거 순찰 : 저렴한 경비로 운영할 수 있으며, 도보순찰에 비해 넓은 순찰 구역을 순찰하기에 용이하며, 신체적 피로도 다소 감소된다. 하지만 경사가 가파른 순찰 구역에 적합하지 않으며, 장비를 적재하기에는 다소 한계를 보인다.

(3) 인원에 따른 순찰

① 단독순찰 : 순찰에 있어서 한 사람의 순찰 근무자가 순찰하는 방식으로, 순찰 근무에 있어서 넓은 구역을 순찰 할 수 있으며, 집중력 또한 높다. 하지만 범죄 발생 시 효과적인 업무 수행이 다소 어렵다.

② 복수순찰 : 순찰에 있어서 2인 이상의 순찰 근무자가 순찰하는 방식으로, 범죄 발생 시 사건 및 사고를 처리하기에 용이하나, 인원이 다소 많이 소요되며, 집중력이 저하 될 수 있다.

6 | 생활안전경찰 단속활동

1) 풍속영업의 규제에 관한 법률

(1) 풍속영업의 범위[96]

1. 「게임산업진흥에 관한 법률」 제2조제6호에 따른 게임제공업 및 같은 법 제2조제8호에 따른 복합유통게임제공업
2. 「영화 및 비디오물의 진흥에 관한 법률」 제2조제16호가목에 따른 비디오

---

96) 풍속영업의 규제에 관한 법률 제2조.

물감상실업

3. 「음악산업진흥에 관한 법률」 제2조제13호에 따른 노래연습장업

4. 「공중위생관리법」 제2조제1항제2호부터 제4호까지의 규정에 따른 숙박업, 목욕장업(沐浴場業), 이용업(理容業) 중 대통령령으로 정하는 것

5. 「식품위생법」 제36조제1항제3호에 따른 식품접객업 중 대통령령으로 정하는 것

6. 「체육시설의 설치·이용에 관한 법률」 제10조제1항제2호에 따른 무도학원 업 및 무도장업

7. 그 밖에 선량한 풍속을 해치거나 청소년의 건전한 성장을 저해할 우려가 있는 영업으로 대통령령으로 정하는 것

(2) 풍속영업자

풍속영업자는 허가나 인가를 받지 아니하거나 등록이나 신고를 하지 아니하고 풍속영업을 하는 자를 포함한다.[97]

- 풍속영업자 및 종사자의 준수사항[98]

1. 「성매매알선 등 행위의 처벌에 관한 법률」 제2조제1항제2호에 따른 성매매알선등행위

   가. 성매매를 알선, 권유, 유인 또는 강요하는 행위

   나. 성매매의 장소를 제공하는 행위

   다. 성매매에 제공되는 사실을 알면서 자금, 토지 또는 건물을 제공하는 행위

2. 음란행위를 하게 하거나 이를 알선 또는 제공하는 행위

3. 음란한 문서·도화(圖畵)·영화·음반·비디오물, 그 밖의 음란한 물건에 대한 다음 각 목의 행위

   가. 반포(頒布)·판매·대여하거나 이를 하게 하는 행위

   나. 관람·열람하게 하는 행위

---

97) 풍속영업의 규제에 관한 법률 제3조.
98) 풍속영업의 규제에 관한 법률 제3조 1호~4호.

다. 반포·판매·대여·관람·열람의 목적으로 진열하거나 보관하는 행위

4. 도박이나 그 밖의 사행(射倖)행위를 하게 하는 행위

(3) 풍속영업의 통보99)

1. 다른 법률에 따라 풍속영업의 허가를 한 자는 풍속영업소의 소재지를 관할하는 경찰서장에게 아래 사항을 알려야 한다.

　가. 풍속영업자의 성명 및 주소(법인인 경우에는 대표자의 성명과 주소를 포함한다)

　나. 풍속영업소의 명칭 및 주소

　다. 풍속영업의 종류

2. 허가관청은 풍속영업자가 휴업·폐업하거나 그 영업내용이 변경된 경우와 그 밖에 대통령령으로 정하는 사유가 발생한 경우에는 경찰서장에게 그 사실을 알려야 한다.

2) 경범죄 처벌법

(1) 경범죄의 종류100)

1. (빈집 등에의 침입)	13. (의식방해) 패 등)	
2. (흉기의 은닉휴대)	14. (단체가입 강요) 27. (무단소등)	10만원 이하의 벌금, 구류 또는 과료(科料)의 형
3. (폭행 등 예비)	15. (자연훼손) 28. (공중통로 안전관리 소홀)	
5. (다른 사람의 신체에 위해를 끼칠 것을 공모(共謀)하여 예비행위를 한 사람이 있는 경우 그 공모를 한 사람)	16. (타인의 가축·기계 등 무단조작) 29. (공무원 원조불응) 17. (물길의 흐름 방해) 30. (거짓 인적사항 사용) 18. (구걸행위 등) 31. (미신요법) 19. (불안감조성) 32. (야간통행제한 위반) 20. (음주소란 등) 33. (과다노출)	
6. (도움이 필요한 사람 등의 신고불이	21. (인근소란 등) 34. (지문채취 불응) 22. (위험한 불씨 사용) 35. (자릿세 징수 등)	

---

99) 풍속영업의 규제에 관한 법률 제4조.

100) 경범죄 처벌법 제3조.

행)	23. (물건 던지기 등 위	36. (행렬방해)	
7. (관명사칭 등)	험행위)	37. (무단 출입)	
8. (물품강매·호객행위)	24. (인공구조물 등의	38. (총포 등 조작장난)	
9. (광고물 무단부착 등)	관리소홀)	39. (무임승차 및 무전	
10. (마시는 물 사용방해)	25. (위험한 동물의 관	취식)	
11. (쓰레기 등 투기)	리 소홀)	40. (장난전화 등)	
12. (노상방뇨 등)	26. (동물 등에 의한 행	41. (지속적 괴롭힘)	
1. (출판물의 부당게재 등) 올바르지 아니한 이익을 얻을 목적으로 다른 사람 또는 단체의 사업이나 사사로운 일에 관하여 신문, 잡지, 그 밖의 출판물에 어떤 사항을 싣거나 싣지 아니할 것을 약속하고 돈이나 물건을 받은 사람 2. (거짓 광고) 여러 사람에게 물품을 팔거나 나누어 주거나 일을 해주면서 다른 사람을 속이거나 잘못 알게 할 만한 사실을 들어 광고한 사람 3. (업무방해) 못된 장난 등으로 다른 사람, 단체 또는 공무수행 중인 자의 업무를 방해한 사람 4. (암표매매) 흥행장, 경기장, 역, 나루터, 정류장, 그 밖에 정하여진 요금을 받고 입장시키거나 승차 또는 승선시키는 곳에서 웃돈을 받고 입장권·승차권 또는 승선권을 다른 사람에게 되판 사람			20만원 이하의 벌금, 구류 또는 과료의 형
1. (관공서에서의 주취소란) 술에 취한 채로 관공서에서 몹시 거친 말과 행동으로 주정하거나 시끄럽게 한 사람 2. (거짓신고) 있지 아니한 범죄나 재해 사실을 공무원에게 거짓으로 신고한 사람			60만원 이하의 벌금, 구류 또는 과료의 형

(2) 범칙자 제외자[101]

1. 범칙행위를 상습적으로 하는 사람
2. 죄를 지은 동기나 수단 및 결과를 헤아려볼 때 구류처분을 하는 것이 적절하다고 인정되는 사람
3. 피해자가 있는 행위를 한 사람
4. 18세 미만인 사람

---

101) 경범죄 처벌법 제6조 2항.

(3) 통고처분 제외자[102]

1. 통고처분서 받기를 거부한 사람
2. 주거 또는 신원이 확실하지 아니한 사람
3. 그 밖에 통고처분을 하기가 매우 어려운 사람

(4) 범칙금의 납부[103]

- 통고처분서를 받은 사람은 통고처분서를 받은 날부터 10일 이내에 경찰청 장·해양경찰청장 또는 철도특별사법경찰대장이 지정한 은행, 그 지점이나 대리점, 우체국 또는 제주특별자치도지사가 지정하는 금융기관이나 그 지 점에 범칙금을 납부하여야 한다. 다만, 천재지변이나 그 밖의 부득이한 사 유로 말미암아 그 기간 내에 범칙금을 납부할 수 없을 때에는 그 부득이한 사유가 없어지게 된 날부터 5일 이내에 납부하여야 한다.
- 납부기간에 범칙금을 납부하지 아니한 사람은 납부기간의 마지막 날의 다 음 날부터 20일 이내에 통고받은 범칙금에 그 금액의 100분의 20을 더한 금액을 납부하여야 한다.
- 범칙금을 납부한 사람은 그 범칙행위에 대하여 다시 처벌받지 아니한다.
- 범칙금 납부대행기관을 통하여 신용카드, 직불카드 등으로 낼 수 있다.
- 신용카드 등으로 내는 경우에는 범칙금 납부대행기관의 승인일을 납부일 로 본다.

(5) 통고처분 불이행자등의 처리[104]

- 경찰서장, 해양경찰서장 및 제주특별자치도지사는 통고처분 제외자 및 납 부기간에 범칙금을 납부하지 아니한 사람에 대하여는 지체 없이 즉결심판 을 청구하여야 한다. 다만, 즉결심판이 청구되기 전까지 통고받은 범칙금 에 그 금액의 100분의 50을 더한 금액을 납부한 사람에 대하여는 그러하

---

102) 경범죄 처벌법 제7조 1항 1호~3호.
103) 경범죄 처벌법 제8조 및 8조의2.
104) 경범죄 처벌법 제9조.

지 아니하다.

- 즉결심판이 청구된 피고인이 통고받은 범칙금에 그 금액의 100분의 50을 더한 금액을 납부하고 그 증명서류를 즉결심판 선고 전까지 제출하였을 때에는 경찰서장, 해양경찰서장 및 제주특별자치도지사는 그 피고인에 대한 즉결심판 청구를 취소하여야 한다.
- 범칙금을 납부한 사람은 그 범칙행위에 대하여 다시 처벌받지 아니한다.

3) 총포·도검·화약류 등의 안전관리에 관한 법률

(1) 정의[105]

① **총포** : 권총, 소총, 기관총, 포, 엽총, 금속성 탄알이나 가스 등을 쏠 수 있는 장약총포(裝藥銃砲), 공기총 및 총포신·기관부 등 그 부품으로서 대통령령으로 정하는 것을 말한다.

② **도검** : 칼날의 길이가 15센티미터 이상인 칼·검·창·치도(雉刀)·비수 등으로서 성질상 흉기로 쓰이는 것과 칼날의 길이가 15센티미터 미만이라 할지라도 흉기로 사용될 위험성이 뚜렷한 것 중에서 대통령령으로 정하는 것을 말한다.

③ **화약류** : 화약, 폭약 및 화공품(火工品: 화약 및 폭약을 써서 만든 공작물을 말한다)

④ **분사기** : 사람의 활동을 일시적으로 곤란하게 하는 최루(催淚) 또는 질식 등을 유발하는 작용제를 분사할 수 있는 기기로서 대통령령으로 정하는 것을 말한다.

⑤ **전자충격기** : 사람의 활동을 일시적으로 곤란하게 하거나 인명(人命)에 위해(危害)를 주는 전류를 방류할 수 있는 기기로서 대통령령으로 정하는 것을 말한다.

⑥ **석궁** : 활과 총의 원리를 이용하여 화살 등의 물체를 발사하여 인명에 위해를 줄 수 있는 것으로서 대통령령으로 정하는 것을 말한다.

---

105) 총포·도검·화약류 등의 안전관리에 관한 법률 제2조.

4) 성매매알선 등 행위의 처벌에 관한 법률

(1) 정의106)

① 성매매 : 불특정인을 상대로 금품이나 그 밖의 재산상의 이익을 수수(收受)하거나 수수하기로 약속하고 성교행위 및 구강, 항문 등 신체의 일부 또는 도구를 이용한 유사 성교행위를 하거나 그 상대방이 되는 것을 말한다.

② 성매매알선 등 행위

가. 성매매를 알선, 권유, 유인 또는 강요하는 행위

나. 성매매의 장소를 제공하는 행위

다. 성매매에 제공되는 사실을 알면서 자금, 토지 또는 건물을 제공하는 행위

③ 성매매 목적의 인신매매

가. 성을 파는 행위 또는 음란행위를 하게 하거나, 성교행위 등 음란한 내용을 표현하는 사진·영상물 등의 촬영 대상으로 삼을 목적으로 위계(僞計), 위력(威力), 그 밖에 이에 준하는 방법으로 대상자를 지배·관리하면서 제3자에게 인계하는 행위

나. 사물을 변별하거나 의사를 결정할 능력이 없거나 미약한 사람 또는 대통령령으로 정하는 중대한 장애가 있는 사람이나 그를 보호·감독하는 사람에게 선불금 등 금품이나 그 밖의 재산상의 이익을 제공하거나 제공하기로 약속하고 대상자를 지배·관리하면서 제3자에게 인계하는 행위

④ 성매매피해자

가. 위계, 위력, 그 밖에 이에 준하는 방법으로 성매매를 강요당한 사람

나. 업무관계, 고용관계, 그 밖의 관계로 인하여 보호 또는 감독하는 사람에 의하여 마약·향정신성의약품 또는 대마에 중독되어 성매매를 한 사람

다. 청소년, 사물을 변별하거나 의사를 결정할 능력이 없거나 미약한 사람 또는 대통령령으로 정하는 중대한 장애가 있는 사람으로서 성매매를 하도록 알선·유인된 사람

---

106) 성매매알선 등 행위의 처벌에 관한 법률 제2조.

라. 성매매 목적의 인신매매를 당한 사람

(2) 금지행위[107]

1. 성매매
2. 성매매알선 등 행위
3. 성매매 목적의 인신매매
4. 성을 파는 행위를 하게 할 목적으로 다른 사람을 고용·모집하거나 성매매가 행하여진다는 사실을 알고 직업을 소개·알선하는 행위
5. 제1호, 제2호 및 제4호의 행위 및 그 행위가 행하여지는 업소에 대한 광고행위

(3) 성매매피해자에 대한 처벌특례와 보호[108]

① 성매매피해자의 성매매는 처벌하지 아니한다.
② 검사 또는 사법경찰관은 수사과정에서 피의자 또는 참고인이 성매매피해자에 해당한다고 볼 만한 상당한 이유가 있을 때에는 지체 없이 법정대리인, 친족 또는 변호인에게 통지하고, 신변보호, 수사의 비공개, 친족 또는 지원시설·성매매피해상담소에의 인계 등 그 보호에 필요한 조치를 하여야 한다. 다만, 피의자 또는 참고인의 사생활 보호 등 부득이한 사유가 있는 경우에는 통지하지 아니할 수 있다.

(4) 신고의무 등[109]

① 지원시설 및 성매매피해상담소의 장이나 종사자가 업무와 관련하여 성매매 피해사실을 알게 되었을 때에는 지체 없이 수사기관에 신고하여야 한다.
② 누구든지 이 법에 규정된 범죄를 신고한 사람에게 그 신고를 이유로 불이익을 주어서는 아니 된다.
③ 다른 법률에 규정이 있는 경우를 제외하고는 신고자등의 인적사항이나 사

---

107) 성매매알선 등 행위의 처벌에 관한 법률 제4조.
108) 성매매알선 등 행위의 처벌에 관한 법률 제6조.
109) 성매매알선 등 행위의 처벌에 관한 법률 제7조.

진 등 그 신원을 알 수 있는 정보나 자료를 인터넷 또는 출판물에 게재하거나 방송매체를 통하여 방송하여서는 아니 된다.

5) 청소년 보호법

(1) 정의110)

① 청소년 : 만 19세 미만인 사람을 말한다. 다만, 만 19세가 되는 해의 1월 1일을 맞이한 사람은 제외한다.

② 매체물
가. 「영화 및 비디오물의 진흥에 관한 법률」에 따른 영화 및 비디오물
나. 「게임산업진흥에 관한 법률」에 따른 게임물
다. 「음악산업진흥에 관한 법률」에 따른 음반, 음악파일, 음악영상물 및 음악영상파일
라. 「공연법」에 따른 공연(국악공연은 제외한다)
마. 「전기통신사업법」에 따른 전기통신을 통한 부호·문언·음향 또는 영상정보
바. 「방송법」에 따른 방송프로그램(보도 방송프로그램은 제외한다)
사. 「신문 등의 진흥에 관한 법률」에 따른 일반일간신문(주로 정치·경제·사회에 관한 보도·논평 및 여론을 전파하는 신문은 제외한다), 특수일간신문(경제·산업·과학·종교 분야는 제외한다), 일반주간신문(정치·경제 분야는 제외한다), 특수주간신문(경제·산업·과학·시사·종교 분야는 제외한다), 인터넷신문(주로 보도·논평 및 여론을 전파하는 기사는 제외한다) 및 인터넷뉴스서비스
아. 「잡지 등 정기간행물의 진흥에 관한 법률」에 따른 잡지(정치·경제·사회·시사·산업·과학·종교 분야는 제외한다), 정보간행물, 전자간행물 및 그 밖의 간행물
자. 「출판문화산업 진흥법」에 따른 간행물, 전자출판물 및 외국간행물(사목 및 아목에 해당하는 매체물은 제외한다)

---

110) 청소년 보호법 제2조.

차. 「옥외광고물 등의 관리와 옥외광고산업 진흥에 관한 법률」에 따른 옥외광고물과 가목부터 자목까지의 매체물에 수록·게재·전시되거나 그 밖의 방법으로 포함된 상업적 광고선전물

카. 그 밖에 청소년의 정신적·신체적 건강을 해칠 우려가 있어 대통령령으로 정하는 매체물

③ 청소년유해매체물

가. 청소년보호위원회가 청소년에게 유해한 것으로 결정하거나 확인하여 여성가족부장관이 고시한 매체물

나. 각 심의기관이 청소년에게 유해한 것으로 심의하거나 확인하여 여성가족부장관이 고시한 매체물

④ 청소년유해약물등

가. 청소년유해약물

1) 「주세법」에 따른 주류
2) 「담배사업법」에 따른 담배
3) 「마약류 관리에 관한 법률」에 따른 마약류
4) 「화학물질관리법」에 따른 환각물질
5) 그 밖에 중추신경에 작용하여 습관성, 중독성, 내성 등을 유발하여 인체에 유해하게 작용할 수 있는 약물 등 청소년의 사용을 제한하지 아니하면 청소년의 심신을 심각하게 손상시킬 우려가 있는 약물

나. 청소년유해물건

1) 청소년에게 음란한 행위를 조장하는 성기구 등 청소년의 사용을 제한하지 아니하면 청소년의 심신을 심각하게 손상시킬 우려가 있는 성 관련 물건으로서 대통령령으로 정하는 기준에 따라 청소년보호위원회가 결정하고 여성가족부장관이 고시한 것
2) 청소년에게 음란성·포악성·잔인성·사행성 등을 조장하는 완구류 등 청소년의 사용을 제한하지 아니하면 청소년의 심신을 심각하게 손상시킬 우려가 있는 물건으로서 대통령령으로 정하는 기준에 따라 청소년

보호위원회가 결정하고 여성가족부장관이 고시한 것

　3) 청소년유해약물과 유사한 형태의 제품으로 청소년의 사용을 제한하지 아니하면 청소년의 청소년유해약물 이용습관을 심각하게 조장할 우려가 있는 물건으로서 대통령령으로 정하는 기준에 따라 청소년보호위원회가 결정하고 여성가족부장관이 고시한 것

⑤ 청소년유해업소
가. 청소년 출입·고용금지업소
　1)「게임산업진흥에 관한 법률」에 따른 일반게임제공업 및 복합유통게임제공업 중 대통령령으로 정하는 것
　2)「사행행위 등 규제 및 처벌 특례법」에 따른 사행행위영업
　3)「식품위생법」에 따른 식품접객업 중 대통령령으로 정하는 섯
　4)「영화 및 비디오물의 진흥에 관한 법률」 제2조제16호에 따른 비디오물감상실업·제한관람가비디오물소극장업 및 복합영상물제공업
　5)「음악산업진흥에 관한 법률」에 따른 노래연습장업 중 대통령령으로 정하는 것
　6)「체육시설의 설치·이용에 관한 법률」에 따른 무도학원업 및 무도장업
　7) 전기통신설비를 갖추고 불특정한 사람들 사이의 음성대화 또는 화상대화를 매개하는 것을 주된 목적으로 하는 영업. 다만,「전기통신사업법」등 다른 법률에 따라 통신을 매개하는 영업은 제외한다.
　8) 불특정한 사람 사이의 신체적인 접촉 또는 은밀한 부분의 노출 등 성적행위가 이루어지거나 이와 유사한 행위가 이루어질 우려가 있는 서비스를 제공하는 영업으로서 청소년보호위원회가 결정하고 여성가족부장관이 고시한 것
　9) 청소년유해매체물 및 청소년유해약물등을 제작·생산·유통하는 영업 등 청소년의 출입과 고용이 청소년에게 유해하다고 인정되는 영업으로서 대통령령으로 정하는 기준에 따라 청소년보호위원회가 결정하고 여성가족부장관이 고시한 것

10) 「한국마사회법」 제6조제2항에 따른 장외발매소

11) 「경륜·경정법」 제9조제2항에 따른 장외매장

나. 청소년고용금지업소

1) 「게임산업진흥에 관한 법률」에 따른 청소년게임제공업 및 인터넷컴퓨터게임시설제공업

2) 「공중위생관리법」에 따른 숙박업, 목욕장업, 이용업 중 대통령령으로 정하는 것

3) 「식품위생법」에 따른 식품접객업 중 대통령령으로 정하는 것

4) 「영화 및 비디오물의 진흥에 관한 법률」에 따른 비디오물소극장업

5) 「화학물질관리법」에 따른 유해화학물질 영업. 다만, 유해화학물질 사용과 직접 관련이 없는 영업으로서 대통령령으로 정하는 영업은 제외한다.

6) 회비 등을 받거나 유료로 만화를 빌려 주는 만화대여업

7) 청소년유해매체물 및 청소년유해약물등을 제작·생산·유통하는 영업 등 청소년의 고용이 청소년에게 유해하다고 인정되는 영업으로서 대통령령으로 정하는 기준에 따라 청소년보호위원회가 결정하고 여성가족부장관이 고시한 것

(2) 가정의 역할과 책임

① 청소년에 대하여 친권을 행사하는 사람 또는 친권자를 대신하여 청소년을 보호하는 사람은 청소년이 청소년유해환경에 접촉하거나 출입하지 못하도록 필요한 노력을 하여야 하며, 청소년이 유해한 매체물 또는 유해한 약물 등을 이용하고 있거나 유해한 업소에 출입하려고 하면 즉시 제지하여야 한다.

② 친권자등은 ①에 따른 노력이나 제지를 할 때 필요한 경우에는 청소년 보호와 관련된 상담기관과 단체 등에 상담하여야 하고, 해당 청소년이 가출하거나 비행 등을 할 우려가 있다고 인정되면 청소년 보호와 관련된 지도·단속 기관에 협조를 요청하여야 한다.

(3) 사회의 책임

① 누구든지 청소년 보호를 위하여 아래사항의 조치 등 필요한 노력을 하여야
한다.
 1. 청소년이 청소년유해환경에 접할 수 없도록 하거나 출입을 하지 못하도
 록 할 것
 2. 청소년이 유해한 매체물 또는 유해한 약물 등을 이용하고 있거나 청소
 년폭력·학대 등을 하고 있음을 알게 되었을 때에는 이를 제지하고 선
 도할 것
 3. 청소년에게 유해한 매체물과 유해한 약물 등이 유통되고 있거나 청소년
 유해업소에 청소년이 고용되어 있거나 출입하고 있음을 알게 되었을 때
 또는 청소년이 청소년폭력·학대 등의 피해를 입고 있음을 알게 되었을
 때에는 관계기관등에 신고·고발하는 등의 조치를 할 것

② 매체물과 약물 등의 유통을 업으로 하거나 청소년유해업소의 경영을 업으
로 하는 자와 이들로 구성된 단체 및 협회 등은 청소년유해매체물과 청소
년유해약물등이 청소년에게 유통되지 아니하도록 하고 청소년유해업소에
청소년을 고용하거나 청소년이 출입하지 못하도록 하는 등 청소년을 보호
하기 위하여 자율적인 노력을 다하여야 한다.

(4) 국가와 지방자치단체의 책무

① 국가는 청소년 보호를 위하여 청소년유해환경의 개선에 필요한 시책을 마
련하고 시행하여야 하며, 지방자치단체는 해당 지역의 청소년유해환경으
로부터 청소년을 보호하기 위하여 필요한 노력을 하여야 한다.
② 국가와 지방자치단체는 전자·통신기술 및 의약품 등의 발달에 따라 등장
하는 새로운 형태의 매체물과 약물 등이 청소년의 정신적·신체적 건강을
해칠 우려가 있음을 인식하고, 이들 매체물과 약물 등으로부터 청소년을
보호하기 위하여 필요한 기술개발과 연구사업의 지원, 국가 간의 협력체제
구축 등 필요한 노력을 하여야 한다.

③ 국가와 지방자치단체는 청소년 관련 단체 등 민간의 자율적인 유해환경 감시·고발 활동을 장려하고 이에 필요한 지원을 할 수 있으며 민간의 건의 사항을 관련 시책에 반영할 수 있다.

④ 국가와 지방자치단체는 청소년을 보호하기 위하여 청소년유해환경을 규제할 때 그 의무를 충실히 수행하여야 한다.

6) 실종아동등의 보호 및 지원에 관한 법률

(1) 정의111)

① 아동등

　가. 실종 당시 18세 미만인 아동

　나. 장애인 중 지적장애인, 자폐성장애인 또는 정신장애인

　다. 치매환자

② **실종아동등** : 약취(略取)·유인(誘引) 또는 유기(遺棄)되거나 사고를 당하거나 가출하거나 길을 잃는 등의 사유로 인하여 보호자로부터 이탈(離脫)된 아동등을 말한다.

③ **보호자** : 친권자, 후견인이나 그 밖에 다른 법률에 따라 아동등을 보호하거나 부양할 의무가 있는 사람을 말한다.

④ **보호시설** : 사회복지시설 및 인가·신고 등이 없이 아동등을 보호하는 시설로서 사회복지시설에 준하는 시설을 말한다.

(2) 신고의무 등112)

그 직무를 수행하면서 실종아동등임을 알게 되었을 때에는 경찰청장이 구축하여 운영하는 신고체계로 지체 없이 신고하여야 한다.

---

111) 실종아동등의 보호 및 지원에 관한 법률 제2조.
112) 실종아동등의 보호 및 지원에 관한 법률 제6조.

1. 보호시설의 장 또는 그 종사자
2. 「아동복지법」 제13조에 따른 아동복지전담공무원
3. 「청소년 보호법」 제35조에 따른 청소년 보호·재활센터의 장 또는 그 종사자
4. 「사회복지사업법」 제14조에 따른 사회복지전담공무원
5. 「의료법」 제3조에 따른 의료기관의 장 또는 의료인
6. 업무·고용 등의 관계로 사실상 아동등을 보호·감독하는 사람

(3) 실종아동 등 신고·발견을 위한 정보시스템의 구축·운영[113]

① 경찰청장은 실종아동등에 대한 신속한 신고 및 발견 체계를 갖추기 위한 정보시스템을 구축·운영하여야 한다.
② 경찰청장은 실종아동등의 조속한 발견을 위하여 구축·운영 중인 정보연계시스템을 「사회복지사업법」에 따라 구축·운영하는 사회복지업무 관련 정보시스템과 연계하여 해당 정보시스템이 보유한 실종아동등의 신상정보의 내용을 활용할 수 있다.

7) 경비업법

(1) 정의[114]

① **경비업** : 경비업무의 전부 또는 일부를 도급받아 행하는 업무를 말한다.

② **경비업무**
가. 시설경비업무 : 경비를 필요로 하는 시설 및 장소에서의 도난·화재 그 밖의 혼잡 등으로 인한 위험발생을 방지하는 업무
나. 호송경비업무 : 운반중에 있는 현금·유가증권·귀금속·상품 그 밖의 물건에 대하여 도난·화재 등 위험발생을 방지하는 업무

---

113) 실종아동등의 보호 및 지원에 관한 법률 제8조의2.
114) 경비업법 제2조.

다. 신변보호업무 : 사람의 생명이나 신체에 대한 위해의 발생을 방지하고 그 신변을 보호하는 업무

라. 기계경비업무 : 경비대상시설에 설치한 기기에 의하여 감지·송신된 정보를 그 경비대상시설외의 장소에 설치한 관제시설의 기기로 수신하여 도난·화재 등 위험발생을 방지하는 업무

마. 특수경비업무 : 공항(항공기를 포함한다) 등 대통령령이 정하는 국가중요시설의 경비 및 도난·화재 그 밖의 위험발생을 방지하는 업무

③ 경비지도사 : 경비원을 지도·감독 및 교육하는 자를 말하며 일반경비지도사와 기계경비지도사로 구분한다.

④ 경비원 : 경비업의 허가를 받은 법인이 채용한 고용인으로서 아래 사항에 해당하는 자를 말한다.

가. 일반경비원 : 시설경비업무, 호송경비업무, 신변보호업무, 기계경비업무를 수행하는 자

나. 특수경비원 : 특수경비업무를 수행하는 자

- 경비지도사 시험

구분	과목구분	일반경비지도사	기계경비지도사	문항수
1차 시험	필수	법학개론 민간경비론		과목당 40문항
2차 시험	필수	경비업법(청원경찰법 포함)		과목당 40문항
	선택(택1)	소방학 범죄학 경호학	기계경비개론 기계경비기획 및 설계	

- 1차 시험 : 매 과목 40점 이상, 전 과목 평균 60점 이상 득점한 자 합격
- 2차 시험 : 전 과목 평균 60점 이상을 득점한 자 중에서 고득점 순으로 합격 결정

 － 경비지도사 직무
 1. 경비원의 지도·감독·교육에 관한 계획의 수립·실시 및 그 기록의 유지
 2. 경비현장에 배치된 경비원에 대한 순회점검 및 감독
 3. 경찰기관 및 소방기관과의 연락방법에 대한 지도
 4. 집단민원현장에 배치된 경비원에 대한 지도·감독
 5. 그 밖에 대통령령이 정하는 직무

③ **경비업의 허가**[115]

경비업을 영위하고자 하는 법인은 도급받아 행하고자 하는 경비업무를 특정하여 그 법인의 주사무소의 소재지를 관할하는 지방경찰청장의 허가를 받아야 한다. 도급받아 행하고자 하는 경비업무를 변경하는 경우에도 또한 같다.

④ **경비원 등의 의무**[116]
① 경비원은 직무를 수행함에 있어 타인에게 위력을 과시하거나 물리력을 행사하는 등 경비업무의 범위를 벗어난 행위를 하여서는 아니된다.
② 누구든지 경비원으로 하여금 경비업무의 범위를 벗어난 행위를 하게 하여서는 아니된다.

⑤ **특수경비원의 의무**[117]
① 특수경비원은 직무를 수행함에 있어 시설주·관할 경찰관서장 및 소속상사의 직무상 명령에 복종하여야 한다.
② 특수경비원은 소속상사의 허가 또는 정당한 사유없이 경비구역을 벗어나서는 아니된다.
③ 특수경비원은 파업·태업 그 밖에 경비업무의 정상적인 운영을 저해하는 일체의 쟁의행위를 하여서는 아니된다.

115) 경비업법 제4조.
116) 경비업법 제15조의 2.
117) 경비업법 제15조.

⑥ 경비원의 장비[118]

장비	장비기준
1. 경적	금속이나 플라스틱 재질의 호루라기
2. 단봉	금속(합금 포함)이나 플라스틱 재질의 전장 700㎜ 이하의 호신용 봉
3. 분사기	「총포·도검·화약류 등 단속법」에 따른 분사기
4. 안전방패	플라스틱 재질의 폭 500㎜ 이하, 길이 1,000㎜이하의 방패로 경찰공무원이 사용하는 안전방패와 색상 및 디자인이 명확히 구분되어야 함
5. 무전기	무전기 송신 시 실시간으로 수신이 가능한 것
6. 안전모	안면을 가리지 아니하면서, 머리를 보호하는 장비로 경찰공무원이 사용하는 방석모와 색상 및 디자인이 명확히 구분되어야 함
7. 방검복	경찰공무원이 사용하는 방검복과 색상 및 디자인이 명확히 구분되어야 함

---

118) 경비업법 시행규칙 별표5.

제 2 장

수사경찰

1 수사경찰

수사경찰은 범죄가 발생한 후 수사를 통하여 증거를 발견·수집·보전 등 사건의 진실을 밝혀내고 범죄자를 검거하는 등의 활동을 말한다. 이러한 수사는 수사기관의 활동이며, 수사기관이 범죄의 혐의가 있다고 인정할 때에 개시된다. 또한 수사는 주로 공소제기 전에 행하여지며, 피의사건에 대하여 공소제기 여부를 결정함을 목적으로 한다.[119]

2 수사경찰의 조직

1) 수사국장

경찰청은 수사국에 국장은 치안감 또는 경무관으로 보한다. 수사국장은 아래

---

119) 김형중·김양현·정의롬·조상현. (2020). 경찰학각론. 청목출판사. 124~125.

사항을 분장한다.[120]

    1. 경찰수사업무에 관한 기획·지도·조정 및 통제

    2. 범죄통계 및 수사자료의 분석

    3. 범죄수사의 지도 및 조정

    4. 범죄의 수사에 관한 사항

2) 수사국 각 과장

수사국에 수사기획과·중대범죄수사과·형사과·수사과 및 범죄정보과를 두며, 각 과장은 총경으로 보한다.[121]

(1) 수사기획과장

1. 경찰수사업무에 관한 기획·지도·조정 및 통제
2. 범죄통계의 관리 및 분석
3. 유치장 관리의 지도 및 감독
4. 범죄첩보의 수집 및 분석
5. 그 밖에 국내 다른 과의 주관에 속하지 아니하는 사항

(2) 중대범죄수사과장

국익에 관련되는 중대한 범죄의 수사에 관한 사무

(3) 형사과장

1. 민생치안 종합계획의 추진 및 관계기관과의 협조
2. 살인·강도·폭력·절도 및 방화사범에 관한 정보의 처리 및 수사·지도
3. 마약사범에 관한 정보의 처리 및 수사·지도
4. 국제마약류에 대한 분석과 마약류 범죄에 관한 국내외 협력업무

---

120) 경찰청과 그 소속기관 직제 제12조.
121) 경찰청과 그 소속기관 직제 시행규칙 제9조.

(4) 수사과장

1. 경제·금융사범에 관한 정보의 처리 및 수사·지도
2. 공무원·병무·문화재·식품·환경·총기·성매매 등과 관련된 범죄에 대한 정보의 처리 및 수사·지도
3. 선거·집회시위 등과 관련된 공안범죄에 대한 정보의 처리 및 수사·지도

(5) 범죄정보과장

중요 범죄정보의 수집·분석, 기획·조정·지도·통제에 관한 사항

3 수사의 조건

범죄수사는 기본적으로 실체적 진실발견을 위한 것으로 수사는 일정한 조건이 갖추어져야 한다. 첫째, 수사는 범죄사실 존재의 개연성 즉, 범죄혐의가 있다고 판단할 때 수사하여야 한다. 여기서 중요한 점은 범죄혐의는 수사기관의 주관적 혐의가 아닌 구체적 범죄혐의로 충분한 구체적 사실에 근거를 두어야 한다.[122] 둘째, 수사는 수사의 목적을 달성하기 위하여 필요한 때에 할 수 있다.[123] 셋째, 수사는 국민을 속여 함정에 빠뜨려서는 안된다는 수사의 신의칙과 수사를 통해 달성하고자 하는 이익이 수사로 인해 침해되는 이익에 비해 커야 한다는 수사비례의 원칙으로 수사는 추구하는 목적에 상당하지 않다고 판단되면 허용될 수 없다.

4 수사의 기본원칙

수사는 상대방의 동의와 승낙을 받아서 행하는 임의수사를 원칙으로 하며(임

---

122) 김상호. (2015). 경찰학. 청목출판사. 339.
123) 김영식. (2015). 경찰학각론. 청목출판사. 52.

의수사의 원칙), 강제수사는 예외적으로 허용한다. 강제수사는 법률에 특별한 규정이 없으면 행하지 못하는 강제수사의 법정주의에 따르고 있으며(강제수사 법정주의), 강제수사는 법관이 발부한 영장이 필요하다(영장주의). 수사는 수사의 결과에 따른 이익과 수사로 인한 법익침해가 부당하게 균형을 잃어서는 안되는 수사비례의 원칙을 따르며(수사비례의 원칙), 이는 강제수사와 임의수사에 있어서 공통적으로 요구된다. 또한 「헌법」 제12조 2항에 따라 모든 국민은 고문을 받지 아니하며, 형사상 자기에게 불리한 진술을 강요당하지 아니한다. 따라서 피의자로 하여금 강제로 범행에 대하여 자백을 하도록 하는 것은 금지된다(자기부죄강요금지의 원칙). 수사의 개시와 실행은 비공개로써, 범인의 발견·검거 또는 증거의 발견·수집·보전을 위하여 요구될 뿐만 아니라 피해자, 참고인, 피의자 등의 개인적 또는 사생활 보호 등 인권보호를 위해서도 요청된다(수사비공개의 원칙).

5 범죄수사의 3대 원칙

범죄수사의 3대 원칙은 신속착수의 원칙(speedy initation), 공중협력의 원칙(support by the public), 현장보존의 원칙(scene preservation) 등으로 이를 '3S의 원칙'이라고도 한다. 신속착수의 원칙은 범죄수사에 있어서 죄증이 인멸되기 이전에 신속히 수사에 착수하여 수사실행을 종결하여야 한다는 것이다. 공중협력의 원칙은 범죄의 흔적은 국민·목격자 및 전문가 등 여러 사람의 기억에 오래 남겨지는 것으로 수사경찰은 공중의 협력을 통하여 수사에 활용해야 한다는 것이다. 특히 우리 사회는 목격자나 전문가가 살고 있으므로 사회는 증거의 바다라고 할 수 있다. 현장보존의 원칙은 범죄의 현장을 '증거의 보고'라고 하는데, 이는 범죄의 현장에는 다양한 결정적인 증거가 놓여 있다. 따라서 범죄현장을 철저히 관찰하기 위하여 범죄현장을 보존하여야 한다.

6 범죄수사실행의 5원칙

범죄수사실행의 5원칙은 수사실행의 기본원칙이라고도 한다. 이에는 '수사자료 완전수집의 원칙', '수사자료 감식·검토의 원칙', '적절한 추리의 원칙', '검증적 수사의 원칙', '사실판단증명의 원칙' 등이 있다.

'수사자료 완전수집의 원칙'은 수사의 기본방법 제1의 조건으로써, 범죄사건에 있어서 사건과 관련한 자료가 누락 및 밀시 되지 않도록 모든 수사자료를 수사관이 완전히 수집하여야 한다는 것이다. '수사자료 감식·검토의 원칙'은 기초수사를 통해 수집된 자료를 수사관이 단순하게 판단할 것이 아니라 과학적인 지식 또는 시설 등을 활용하여 면밀하게 감식 및 검토가 필요하다. '적절한 추리의 원칙'은 수집된 자료를 통해 사건을 가상으로 범행동기, 일시, 수단, 방법 등을 가상으로 판단을 해 볼 필요가 있다. 단, 여기서 추측은 어디까지나 가상으로 그쳐야 하며, 진실이라고 확신을 하여서는 안 된다. '검증적 수사의 원칙'은 수집된 사건 자료를 다각적인 측면에서 검토를 해야 한다는 것이다. '사실판단증명의 원칙'은 수집된 자료를 수사관이 판단을 하여 형사절차에 올려놓기 위해서는 수사를 진행한 수사관의 주관적인 판단이 아니라 검사 및 법관 등이 판단을 하여도 합당하다고 인정될 수 있는 객관적인 증명이 필요하다.

7 (경찰청)범죄수사규칙

1) 관할[124]

① 사법경찰관리인 경찰공무원은 소속관서의 관할구역 내에서 관할구역 내의 사건에 대하여 직무를 행하여야 한다. 다만, 필요한 경우에는 관할구역 밖에서도 그 직무를 행할 수 있다.

② 관할이 경합하여 책임수사관서를 결정할 수 없을 때에는 차상급 기관에 보

---

124) (경찰청)범죄수사규칙 제2조.

고하여 지휘를 받아야한다.

2) 인권보호[125)]

① 경찰관은 수사를 할 때에는 개인의 인권을 존중하고 신속·공정·성실하게
   하여야 한다.
② 경찰관은 피의자, 피해자 등 사건 관계인에게 반말·폭언·강압적인 말투를
   사용하거나 특정 종교, 성별, 인종 등을 이유로 차별·편견·비하 또는 혐
   오하는 언행을 사용하여 모욕감 또는 불쾌감을 유발하여서는 아니된다.
③ 경찰관은 수사를 할 때에는 사건관계인의 명예를 훼손하지 않도록 주의하
   여야 한다.

3) 법령 등 준수[126)]

경찰관은 수사를 할 때에는 「형사소송법」 등 관계 법령과 규칙을 준수하여야
한다.

4) 합리적인 수사[127)]

① 경찰관은 수사를 할 때에는 기초수사를 철저히 하여 모든 증거의 발견수집
   에 힘써야 하며 과학수사기법과 지식·기술·자료를 충분히 활용하여 수사
   를 합리적으로 진행하여야 한다.
② 경찰관은 수사를 할 때에는 상사의 지시명령을 성실히 수행하고 경찰관 상
   호 협력하여야 한다.

---

125) (경찰청)범죄수사규칙 제3조.
126) (경찰청)범죄수사규칙 제4조.
127) (경찰청)범죄수사규칙 제5조.

5) 임의수사[128]

① 경찰관이 수사를 할 때에는 임의수사를 원칙으로 한다.
② 경찰관이 임의수사를 위해서 상대방의 승낙을 구할 때에는 승낙을 강요하거나 강요의 의심을 받을 염려가 있는 태도나 방법을 취하여서는 아니된다.

6) 비밀의 준수[129]

경찰관은 수사를 하면서 알게 된 사건관계인의 관련 비밀을 엄수하여야 한다.

7) 내사[130]

경찰관은 범죄에 관한 신문, 출판물, 방송, 인터넷, 익명의 신고, 풍설 등이 있어 내사가 필요한 때에는 수사부서장의 지휘를 받아 내사하여야 한다.

8) 범죄인지[131]

① 경찰관은 범죄의 혐의가 있다고 판단될 때에는 수사에 착수하여야 한다.
② 범죄의 경중과 정상, 범인의 성격, 사건의 파급성과 모방성, 수사의 완급 등 제반 사정을 고려하여 수사의 시기 또는 방법을 신중하게 결정하여야 한다.

9) 출석요구의 방법[132]

① 경찰관은 피의자 또는 참고인 등에 대하여 출석을 요구할 때에는 사법경찰

---

128) (경찰청)범죄수사규칙 제6조.
129) (경찰청)범죄수사규칙 제7조.
130) (경찰청)범죄수사규칙 제28조.
131) (경찰청)범죄수사규칙 제39조.
132) (경찰청)범죄수사규칙 제54조.

관 명의로 출석요구서를 발부하여야 한다. 이 경우 출석요구서에는 출석요구의 취지를 명백하게 기재하여야 한다.

② 경찰관은 신속한 출석요구를 위하여 필요한 경우에는 전화·팩스·전자우편·문자메시지(SMS)전송 그 밖에 적당한 방법으로 출석요구를 할 수 있다.

③ 출석한 피의자 또는 참고인에 대하여는 지체없이 진술을 들어야 하며 장시간 기다리게 하는 일이 없도록 하여야 한다.

10) 임의동행[133)

① 경찰관은 임의동행을 요구하는 경우 상대방에게 동행을 거부할 수 있는 권리가 있으며 동행에 동의한 경우라 하더라도 언제든지 자유로이 동행과정에서 이탈 또는 동행장소에서 퇴거할 수 있음을 고지하여야 한다.

② 임의동행을 한 경우 임의동행 동의서를 작성하여 수사기록에 편철 또는 보관하여야 한다.

11) 임의성의 확보[134)

① 경찰관은 조사를 할 때에는 고문, 폭행, 협박, 신체구속의 부당한 장기화 그 밖에 진술의 임의성에 관하여 의심받을 만한 방법을 취하여서는 아니된다.

② 경찰관은 조사를 할 때에는 희망하는 진술을 상대자에게 시사하는 등의 방법으로 진술을 유도하거나 진술의 대가로 이익을 제공할 것을 약속하거나 그 밖에 진술의 진실성을 잃게 할 염려가 있는 방법을 취하여서는 아니된다.

③ 경찰관은 조사를 할 때에는 소속 경찰서 사무실에서 하여야 하며 부득이한 사유로 그 이외의 장소에서 할 경우에는 소속 경찰관서장의 사전 승인을 받아야 한다.

---

133) (경찰청)범죄수사규칙 제54조의2.
134) (경찰청)범죄수사규칙 제56조.

12) 심야조사 금지135)

① 경찰관은 원칙적으로 심야조사를 하여서는 아니된다. 이 경우 심야라 함은 자정부터 오전 6시까지를 말한다.

② 아래 사항에 어느 하나에 해당하는 경우에는 예외적으로 심야조사를 할 수 있다. 이 경우 심야조사의 사유를 조서에 명확히 기재하여야 한다.

 1. 심야에 조사하지 않으면 피의자 석방을 불필요하게 지연시킬 수 있는 경우
 2. 사건의 성질상 심야조사를 하지 않으면 공범자의 검거 및 증거수집에 어려움이 있거나 타인의 신체, 재산에 급박한 위해가 발생할 우려가 있는 경우
 3. 피의자를 체포한 후 48시간 이내에 구속영장을 신청하기 위해 불가피한 경우
 4. 공소시효가 임박한 경우
 5. 기타 사유로 피의자·피해자 등 조사 대상자 또는 그 변호인의 요청이 있는 경우

13) 휴식시간 부여 등136)

① 경찰관은 조사에 장시간이 소요되는 경우에는 특별한 사정이 없는 한 조사 도중에 최소한 2시간마다 10분 이상의 휴식시간을 주어 피의자가 피로를 회복할 수 있도록 노력하여야 한다.

② 피의자가 조사 도중에 휴식시간을 요청하는 때에는 조사에 소요된 시간, 피의자의 건강상태 등을 고려하여 적정하다고 판단될 경우 휴식시간을 부여하여야 한다.

③ 경찰관은 조사 중인 피의자의 건강상태에 이상 징후가 발견되면 의사의 진료를 받게 하거나 휴식을 취하게 하는 등 필요한 조치를 취하여야 한다.

---

135) (경찰청)범죄수사규칙 제56조의2.
136) (경찰청)범죄수사규칙 제56조의3.

8 (경찰청)수사긴급배치규칙

1) 정의[137]

긴급배치라 함은 중요사건이 발생하였을 때 적시성이 있다고 판단되는 경우 신속한 경찰력 배치, 범인의 도주로 차단, 검문검색을 통하여 범인을 체포하고 현장을 보존하는 등의 초동조치로 범죄수사자료를 수집하는 수사활동을 말한다.

2) 긴급배치의 종별 및 사건범위[138]

긴급배치는 사건의 긴급성 및 중요도에 따라 갑호, 을호로 구분, 운용하며, 긴급배치 종별, 사건범위는 아래와 같다.

긴급배치종별 사건범위

갑 호	을 호
1. 살인사건 　강도·강간·약취·유안·방화살인 　2명이상 집단살인 및 연쇄살인 2. 강도사건 　인질강도 및 해상강도 　금융기관 및 5,000만원이상 다액강도 　총기, 폭발물 소지강도 　연쇄강도 및 해상강도 3. 방화사건 　관공서, 산업시설, 시장 등의 방화 　열차, 항공기, 대형선박 등의 방화	1. 다음 사건중 갑호이외의 사건 　살인 　강도 　방화 　중요 상해치사 　1억원이상 다액절도 　관공서 및 국가중요시설 절도 　국보급 문화재 절도 2. 기타 경찰관서장이 중요하다고 판단하여 　긴급배치가 필요하다고 인정하는 사건

---

137) (경찰청)수사긴급배치규칙 제2조.
138) (경찰청)수사긴급배치규칙 제3조.

연쇄방화, 중요한 범죄은익목적 방화 보험금 취득목적 방화 기타 계획적인 방화 4. 기타 중요사건 　총기, 대량의 탄약 및 폭발물 절도 조직 　폭력사건 　약취유인 또는 인질강도 　구인 또는 구속피의자 도주	

출처 : (경찰청)수사긴급배치규칙. 별표1.

3) 발령권자[139]

1. 긴급배치를 사건발생지 관할경찰서 또는 인접경찰서에 시행할 경우는 발생지 관할 경찰서장이 발령한다. 인접 경찰서가 타시·도지방경찰청 관할인 경우도 같다.
2. 긴급배치를 사건발생지 지방경찰청의 전경찰관서 또는 인접지방경찰청에 시행할 경우는 발생지 지방경찰청장이 발령한다.
3. 전국적인 긴급배치는 경찰청장이 발령한다.

4) 긴급배치의 생략[140]

1. 사건발생후 상당기간이 경과하여 범인을 체포할 수 없다고 인정될 때
2. 범인의 인상착의가 확인되지 아니하거나 사건내용이 애매하여 긴급배치에 필요한 자료를 얻지 못할 때
3. 범인의 성명, 주거, 연고선등이 판명되어 조속히 체포할 수 있다고 판단될 때
4. 기타 사건의 성질상 긴급배치가 필요하지 않다고 인정될 때

---

139) (경찰청)수사긴급배치규칙 제4조.
140) (경찰청)수사긴급배치규칙 제6조.

5) 경력동원기준[141]

1. 갑호배치 : 형사(수사)요원, 지구대, 파출소, 검문소 요원은 가동경력 100%
2. 을호배치 : 형사(수사)요원은 가동경력 100%, 지구대, 파출소, 검문소 요원은 가동경력 50%

6) 긴급배치의 실시[142]

① 긴급배치의 실시는 범행현장 및 부근의 교통요소, 범인의 도주로, 잠복, 배회처등 예상되는 지점 또는 지역에 경찰력을 배치하고, 탐문수사 및 검문검색을 실시한다. 다만, 사건의 상황에 따라 그 일부만 실시할 수 있다.
② 관외 중요사건 발생을 관할서장보다 먼저 인지한 서장은 신속히 지방경찰청장에게 보고하는 동시에 관할을 불문, 초동조치를 취하고 즉시 관할서장에게 사건을 인계하여야 하며, 필요한 경우 공조수사를 하여야 한다.

7) 긴급배치의 해체[143]

① 범인을 체포하였을 때
② 허위신고 또는 중요사건에 해당되지 않음이 판단되었을 때
③ 긴급배치를 계속한다 하더라도 효과가 없다고 인정될 때

---

141) (경찰청)수사긴급배치규칙 제7조.
142) (경찰청)수사긴급배치규칙 제9조.
143) (경찰청)수사긴급배치규칙 제12조.

9 **과학수사 기본규칙**

1) 용어의 정의[144)

1. "과학수사"란, 법의학, 생물학, 화학, 물리학, 독물학, 혈청학 등 자연과학, 범죄학, 심리학, 사회학, 철학, 논리학 등 사회과학, 과학기구 및 시설을 종합적으로 이용하는 수사를 말한다.

2. "현장감식"이란 현장에 남아있는 지문, 족·윤적, 타액, 혈흔, 변사체 등의 증거를 수집·채취하고, 위 증거를 통해 현장을 재구성하는 활동을 말한다.

3. "증거물 연계성"이란, 과학수사 활동을 통해 수집·채취한 증거물이 법적 증거능력을 확보할 수 있도록 수집·채취부터 감정, 송치까지 매 단계에서 이력이 관리되는 것을 말한다.

4. "증거물의 수집"이란 증거물의 추가적인 분석이나 감정을 위하여 원상의 변경 없이 현장에서 증거물을 수거하는 것을 말한다.

5. "증거물의 채취"란 현장이나 실험실 등에서 원상의 증거물로부터 2차적인 처리 과정을 거쳐 지문을 현출하거나, 미세증거, 디엔에이 감식 시료 등을 전이하는 것을 말한다.

6. "과학수사요원"이란 경찰청 및 소속기관의 과학수사 담당부서에 소속된 경찰공무원 및 일반직 공무원을 말한다.

7. "검시조사관(檢視調査官)"이란 변사체 및 그 주변 환경을 종합적으로 조사하여 생물학·해부학·병리학 등 전문 지식에 따라 범죄 관련 여부를 판단하는 과학수사요원을 말한다.

8. "과학적범죄분석시스템(SCAS)"이란 범죄분석 자료의 관리를 통한 수사 지원을 위하여 범죄 개별항목 등을 입력·분석하고 현장 데이터·장비·인적 자원 현황을 관리하는 전산시스템을 말한다.

9. "증거물관리시스템(EMS)"이란 증거물 연계성 확보를 위해 증거물의 수집·

---

144) (경찰청)과학수사 기본규칙 제3조.

채취부터 감정, 송치까지의 입·출고 이력을 관리하는 전산시스템을 말한다.

10. "지문자동검색시스템(AFIS)"이란 전산입력된 주민등록증 발급신청서, 외국인 지문원지 및 수사자료표 등을 이미지 형태로 현출시켜 현장에서 수집·채취한 지문과 열람·비교·확인할 수 있는 시스템을 말한다.

11. "족·윤적감정시스템(FTIS)"이란 전산입력된 신발·타이어 문양을 이미지 형태로 현출시켜 현장에서 수집한 족·윤적과 열람·비교·확인할 수 있는 시스템을 말한다.

12. "지문 감정"이란 현장에서 수집·채취한 지문의 문형, 특징, 그 밖에 지문에 나타난 정보를 분석한 후 지문자동검색시스템(AFIS)에 전산입력된 지문과 비교·확인·검증하여 동일 지문 여부를 판정하는 것을 말한다.

13. "족·윤적 감정"이란 현장에서 수집·채취한 발자국·타이어자국 등 흔적 정보를 분석한 후 족·윤적감정시스템(FTIS)에 전산입력된 신발·타이어 문양과 비교·확인하여 동일 여부를 판정하는 것을 말한다.

2) 현장감식[145]

(1) 현장감식의 절차

1. 현장 임장 및 보존
2. 현장 관찰 및 기록
3. 증거 수집·채취
4. 변사 사건의 경우 변사체 검시
5. 현장감식결과보고서 작성

(2) 현장 임장

① 과학수사요원은 아래사항의 경우 지체 없이 사건 현장에 임장하여야 한다.
  1. 수사본부가 설치되거나 설치될 것이 예상되는 중요 사건
  2. 경찰청 및 소속기관에서 과학수사요원의 현장 임장을 요청하는 사건

---

145) (경찰청)과학수사 기본규칙 제5조~제13조.

   3. 그 밖에 과학수사요원이 임장할 필요가 있다고 인정되는 사건
② 과학수사요원이 현장 임장할 경우 소속 상관에게 사전 보고하여야 한다.
③ 현장임장은 2인이 동시에 한다. 다만, 근무인원 상황 등 부득이한 경우에
   는 그러하지 아니하다.

(3) 부상자 구호

초동 조치를 취한 경찰관 및 과학수사요원은 현장에서 부상자의 구호가 필요한 때에는 지체 없이 부상자 구호를 우선하여야 한다. 이 경우 현장 훼손을 최소화 하여야 한다.

(4) 현장상황 설명

① 초동 경찰관은 현장감식이 필요하여 현장에 임장한 과학수사요원에게 현장에 출입한 사람의 성명, 연락처, 소속, 출입 일시 등 현장에 대한 종합적인 상황을 설명하여야 한다.
② 과학수사요원은 현장이 변경되었거나 훼손된 부분이 있을 경우 초동경찰관, 피해자, 최초 발견자, 신고자, 구조대원 등 관계자에게 질문하여 전후 사정을 확인하여야 한다.

(5) 현장보존 시 유의사항

초동 경찰관 및 과학수사요원은 현장의 증거가 훼손되지 않도록 아래 사항의 사항을 준수하여야 한다.
   1. 경찰통제선 안으로 출입할 필요가 없는 사람의 출입을 통제할 것
   2. 현장 접근 시 보호장구 등을 착용하고, 통행판 등을 이용하여 현장에 진입할 것
   3. 현장 또는 주변에 물건을 버리거나 내부 시설물을 사용하지 않을 것
   4. 현장에서 증거를 수집·채취할 경우 사전에 현장 사진 및 동영상을 촬영할 것
   5. 그 밖에 수사 과정에서 현장을 훼손할 수 있는 행위를 최소화할 것

(6) 현장 관찰

과학수사요원은 범죄사건 또는 범죄 의심 사건과 관련된 증거를 수집하기 위하여 현장을 관찰하고, 필요한 경우 초동경찰관, 피해자, 최초 발견자, 신고자, 구조대원 등 관계자로부터 진술을 청취할 수 있다.

(7) 현장기록의 작성 및 관리

① 과학수사요원은 시간 순서에 따라 아래의 사항을 현장감식 기록·상황도·평면도 작성, 사진 및 동영상 촬영 등의 방법으로 현장에서 기록하여야 한다.
   1. 현장 도착 시각 및 기상 상태
   2. 현장 및 주변의 상황
   3. 증거 수집·채취 진행 경과
   4. 현장감식 종료 시각
   5. 기타 특이사항
② 기록은 작성 후 현장감식결과보고서와 함께 과학적범죄분석시스템(SCAS)에 입력하여야 한다.

(8) 증거 수집·채취 방법

① 과학수사요원은 각 특성에 맞는 최적의 방법으로 증거를 수집·채취하여 증거의 원형 상태를 최대한 유지하여야 한다. 이 경우 증거물 연계성의 확보를 고려하여야 한다.
② 과학수사요원은 증거를 수집·채취할 경우 증거가 오염되지 않도록 아래 사항을 준수하여야 한다.
   1. 증거 수집·채취 시 과학수사요원을 제외한 현장출입자의 증거 접촉을 제한할 것
   2. 수집·채취한 증거의 경우 각 특성에 맞는 용구에 포장할 것. 이 경우 증거 종류, 수집·채취 일시 및 장소, 수집·채취자 등을 기록하여야 한다.

(9) 증거 수집·채취 대상

과학수사요원은 아래 사항의 증거를 수집·채취하여야 한다.

1. 지문, DNA, 혈액, 타액, 정액, 모발 등 생물학적 증거
2. 유리, 페인트 조각, 토양, 고무, 섬유 등 미세증거
3. 족적, 윤적, 공구흔 등 물리학적 증거
4. 손상 등 시체에 대한 법의학적 증거
5. 그 밖에 필요하다고 인정되는 증거

3) 증거 관리 및 보관[146]

(1) 증거 관리

① 과학수사요원은 증거 수집·채취부터 감정, 송치 단계까지 증거물 연계성을 확보하여 증거의 객관적 가치가 훼손되지 않도록 하여야 한다.
② 과학수사요원은 지문, 족적, 혈흔 등 멸실 또는 훼손의 우려가 있는 증거에 대해서는 특히 그 보존에 유의하여야 한다.
③ 과학수사요원은 검증 또는 감정을 할 때 증거의 이동, 변경, 폐기 등이 수반되는 경우 본래의 형상을 알 수 있도록 사전에 사진·동영상 촬영 등의 조치를 취하여야 한다.

(2) 증거 보관

① 증거 중 아래 사항 중 어느 하나에 해당하는 증거는 증거물 보관실에 보관하여야 한다.

1. 수사 중인 사건의 증거
2. 공소시효가 만료하지 않은 사건과 관련한 증거
3. 그 밖에 계속 보관이 필요하다고 판단되는 증거
② 지방경찰청장은 증거물 보관실의 종합적인 관리를 위해 과학수사요원 중

146) (경찰청)과학수사 기본규칙 제16조~제17조.

에서 정·부 책임자를 지정하여야 한다.

③ 증거물 보관실을 출입하려는 사람은 출입 시 출입자 명부에 성명, 소속, 출입일시, 출입사유 등을 기재하여야 한다.

④ 보관 중인 증거의 입·출고 내역, 목록 등은 증거물관리시스템(EMS)을 통해 관리하여야 한다.

⑤ 증거의 입·출고 및 인계 절차 등 구체적 이용 방법은 「증거물관리시스템 운영지침」에 따른다.

제3장

사이버안전경찰

1 사이버안전경찰

정보화의 발달과 함께 컴퓨터와 인터넷의 사용이 증가하면서 사이버공간에서는 각종 역기능으로 사이버범죄가 발생하고 있다[147]. 사이버범죄에 대하여 명확하게 정의된 바는 없으나, 사이버범죄는 범죄자와 피해자가 전자적 기기와 인터넷을 네트워크로 연결된 상태에서 발생하는 것을 기본 전제로 보아야 한다.[148] 사이버범죄는 '컴퓨터를 포함한 사이버공간에서 발생하는 모든 범죄유형'이라고 일반적으로 정의하고 있다. 이러한 사이버범죄에 대응하는 것이 사이버안전경찰이다.

---

147) 이성식. (2017). 사이버범죄학. 그린출판사. 13.
148) 김정현. (2018). 국제사이버범죄학. 그린출판사. 38.

2 **사이버안전경찰의 조직**

1) 사이버안전국장

경찰청은 사이버안전국에 국장은 치안감 또는 경무관으로 보한다. 사이버안전 국장은 아래 사항을 분장한다.[149]

    1. 사이버공간에서의 범죄 정보의 수집·분석

    2. 사이버범죄 신고·상담

    3. 사이버범죄 수사에 관한 사항

    4. 사이버범죄 예방에 관한 사항

    5. 사이버범죄 관련 국제경찰기구 등과의 협력

    6. 전자적 증거분석 및 분석기법 연구·개발에 관한 사항

2) 사이버안전국 각 과장

사이버안전국에 사이버안전과·사이버수사과 및 디지털포렌식센터를 두며, 각 과장 및 디지털포렌식센터장은 총경으로 보한다.[150]

(1) 사이버안전과장

    1. 사이버 안전 확보를 위한 기획 및 관련 법령 제정·개정

    2. 사이버공간에서의 범죄 관련 정보 수집·분석 및 배포에 관한 사항

    3. 사이버범죄 예방에 관한 연구·기획·집행·지도 및 조정

    4. 사이버범죄 통계 관리 및 분석

    5. 사이버범죄 관련 국제 공조수사 및 협력

    6. 그 밖에 국내 다른 과의 주관에 속하지 아니하는 사항

---

149) 경찰청 그 소속기관 직제 제12조.
150) 경찰청 그 소속기관 직제 시행규칙 제9조의 2.

(2) 사이버수사과장

1. 사이버범죄 수사에 관한 기획
2. 사이버범죄 수사에 관한 지도·조정 및 통제
3. 사이버범죄 대응 수사전략 연구 및 계획 수립
4. 사이버범죄에 관한 수사
5. 사이버범죄 관련 국제공조수사
6. 사이버범죄 신고·상담
7. 사이버범죄 피해자 보호대책 수립 및 관계기관과의 협력 지원

(3) 디지털포렌식센터장

1. 전자적 증거분석에 관한 기획·지도·조정
2. 전자적 증거분석 관련 법령 및 제도의 연구·개선
3. 전자적 증거분석 및 지원
4. 전자적 증거분석 기법 연구 및 개발
5. 디지털증거분석실 운영
6. 디지털증거분석관 양성·관리 및 지도
7. 전자적 증거분석 관련 유관기관과의 협력

3 사이버범죄의 유형[151]

사이버안전국에서는 사이버범죄를 정보통신망 침해 범죄, 정보통신망 이용 범죄, 불법 콘텐츠 범죄로 구분하고 있다.

1) 정보통신망 침해 범죄

정보통신망 침해 범죄는 정당한 접근 권한없이 또는 허용된 접근 권한을 넘어

---

151) 경찰청 사이버안전국 홈페이지.

컴퓨터 또는 정보통신망(컴퓨터 시스템)에 침입하거나 시스템, 데이터 프로그램을 훼손·멸실·변경한 경우 및 정보통신망(컴퓨터 시스템)에 장애(성능저하 및 사용불능)을 발생하게 한 경우를 의미한다.

정보통신망 침해 범죄에는 해킹, 서비스거부공격, 악성프로그램, 기타 정보통신망 침해형 범죄가 포함된다.

해킹		정당한 접근권한 없이 또는 허용된 접근권한을 초과하여 정보통신망에 침입하는 행위
	계정도용	정당한 접근권한 없이 또는 허용된 접근권한을 넘어 타인의 계정(ID, Password)을 임의로 이용한 경우
	단순침입	정당한 접근권한 없이 또는 허용된 접근권한을 넘어 컴퓨터 또는 정보통신망에 침입한 경우
	자료유출	정당한 접근권한 없이 또는 허용된 접근권한을 넘어 컴퓨터 또는 정보통신망에 침입 후, 데이터를 유출·누설한 경우
	자료훼손	정당한 접근권한 없이 또는 허용된 접근권한을 넘어 컴퓨터 또는 정보통신망에 침입 후, 타인의 정보를 훼손(삭제·변경 등)한 경우 (홈페이지 변조 포함)
서비스거부공격	정보통신망에 대량의 신호·데이터를 보내거나 부정한 명령을 처리하도록 하여 정보통신망에 장애(사용불능·성능저하)를 야기한 경우	
악성프로그램	정당한 사유 없이 정보통신 시스템, 데이터 또는 프로그램 등을 훼손·멸실·변경·위조하거나 그 운용을 방해할 수 있는 프로그램을 전달 또는 유포하는 경우	

2) 정보통신망 이용 범죄

정보통신망 이용 범죄는 정보통신망(컴퓨터 시스템)을 범죄의 본질적 구성요건에 해당하는 행위를 행하는 주요 수단으로 이용하는 경우로, 사이버 사기, 사이버 금융범죄, 개인·위치정보 침해, 사이버 저작권 침해, 스팸메일, 기타 정보통신망 이용형 범죄 등이 포함된다.

사이버사기	정보통신망(컴퓨터 시스템)을 통하여, 이용자들에게 물품이나 용역을 제공할 것처럼 기망하여 피해자로부터 금품을 편취(교부행위)한 경우	
	직거래사기	정보통신망(컴퓨터 시스템)을 통하여, 물품 거래 등에 관한 허위의 의사표시를 게시하여 발생한 대금 편취 사기
	쇼핑몰사기	정보통신망(컴퓨터 시스템)을 통하여, 허위의 인터넷 쇼핑몰 등을 개설하여 발생한 대금 편취 사기
	게임사기	정보통신망(컴퓨터 시스템)을 통하여, 게임 캐릭터 및 아이템 등 인터넷 게임과 관련하여 발생한 대금 편취 사기
	기타 사이버사기	직거래, 쇼핑몰, 게임사기에 해당하지 않고, 정보통신망(컴퓨터 시스템)을 통한 기망행위를 통해 재산적 이익을 편취한 경우
사이버금융범죄	정보통신망을 이용하여 피해자의 계좌로부터 자금 이체받거나, 소액결제가 되게 하는 신종 범죄	
	피싱(Phishing)	① 금융기관을 가장한 이메일 발송 ② 이메일에서 안내하는 인터넷주소 클릭, 가짜 은행사이트로 접속 유도 ③ 보안카드번호 전부 입력 요구 등의 방법으로 금융정보 탈취 ④ 피해자 계좌에서 범행계좌로 이체
	파밍(Pharming)	① 피해자 PC가 악성코드에 감염 ② 정상 홈페이지에 접속하여도 피싱(가짜) 사이트로 유도 ③ 보안카드번호 전부 입력 요구 등의 방법으로 금융정보 탈취 ④ 피해자 계좌에서 범행계좌로 이체
	스미싱(Smishing)	① '무료쿠폰 제공'등의 문자메시지 내 인터넷주소를 클릭하면, ② 악성코드가 스마트폰에 설치되어 ③ 피해자가 모르는 사이에 소액결제 피해 발생 또는 개인·금융정보 탈취
	메모리해킹	피해자 PC 메모리에 상주한 악성코드로 인하여 정상 은행 사이트에서 보안카드번호 앞·뒤 2자리만 입력해도 부당 인출하는 수법

		① 피해자 PC가 악성코드에 감염 ② 정상적인 인터넷 뱅킹 절차(보안카드 앞·뒤 2자리) 이행 후, 이체 클릭 ③ 오류 반복 발생(이체정보 미전송) ④ 일정시간 경과 후, 범죄자가 동일한 보안카드 번호 입력, 범행계좌로 이체
	몸캠피싱	음란화상채팅(몸캠) 후, 영상유포하겠다고 협박하여 금전을 갈취하는 행위 ① 타인의 사진을 도용하여 여성으로 가장한 범조자가 랜덤 채팅 어플 또는 모바일 메신저를 통해 접근 ② 미리 준비해둔 여성의 동영상을 보여주며, 상대방에게 얼굴이 나오도록 음란행위 유도 ③ 화상채팅에 필요한 어플이라거나, 상대방의 목소리가 들리지 않는다는 등의 핑계로 특정파일 설치를 요구 → 다양한 명칭의 apk파일로 스마트폰의 주소록이 범죄자에게 유출 ④ 지인의 명단을 보이며, 상대방의 얼굴이 나오는 동영상을 유포한다며 금전 요구
개인·위치정보 침해		정보통신망(컴퓨터 시스템)을 통하여, 디지털 자료화되어 저장된 타인의 개인정보를 침해, 도용, 누설하는 범죄로,정보통신망(컴퓨터 시스템)을 통하여, 이용자의 동의를 받지 않거나 속이는 행위 등으로 다른 사람의 개인·위치정보를 불법적으로 수집·이용·제공한 경우도 포함
사이버 저작권 침해		정보통신망(컴퓨터 시스템)을 통하여, 디지털 자료화된 저작물 또는 컴퓨터프로그램저작물에 대한 권리를 침해한 경우
스팸메일		정보통신망(컴퓨터 시스템)을 통하여, 법률에서 금지하는 재화 또는 서비스에 대한 광고성 정보를 전송하는 경우 및 이와 관련 허용되지 않는 기술적 조치 등을 행한 경우(정통망법 제74조 제1항 제4호, 6호)

3) 불법컨텐츠 범죄

불법컨텐츠 범죄는 정보통신망(컴퓨터 시스템)을 통하여 법률에서 금지하는 재화·서비스 또는 정보를 배포·판매·임대·전시하는 경우로써, 사이버성폭력, 사이버도박, 사이버 명예훼손·모욕, 사이버스토킹, 기타 불법콘텐츠 범죄 등이 포함된다.

사이버성폭력	정보통신망(컴퓨터 시스템)을 통하여, 음란한 부호·문언·음향·화상 또는 영상을 배포·판매·임대하거나 공공연하게	
	불법 성(性)영상물	정보통신망(컴퓨터 시스템)을 통하여, 일반 보통인의 성욕을 자극하여 성적 흥분을 유발하고 정상적인 성적 수치심을 해하여 성적 도의 관념에 반하는 내용의 표현물을 배포·판매·임대·전시하는 경우
	아동성착취물	정보통신망(컴퓨터 시스템)을 통하여, 아동·청소년 또는 아동·청소년으로 명백하게 인식될 수 있는 사람이나 표현물이 등장하여 성교 행위, 유사 성교 행위, 일반인의 성적 수치심이나 혐오감을 일으키는 행위, 자위 행위를 하거나 그 밖의 성적 행위를 하는 내용의 표현물을 배포·판매·임대·전시하는 경우+(아동·청소년의 성보호에 관한 법률 제2조 정의 참조)
	불법촬영물 유포	카메라 등을 이용하여 성적 욕망 또는 수치심을 유발할 수 있는 사람의 신체를 촬영대상자의 의사에 반하여 촬영한 촬영물 또는 복제물을 영리목적 혹은 영리목적 없이 반포·판매·임대·제공 또는 공공연하게 전시·상영하거나 촬영 당시에는 촬영대상자의 의사에 반하지 아니한 경우에도 사후에 그 촬영물 또는 복제물을 촬영대상자의 의사에 반하여 반포등을 하는 경우
사이버도박	정보통신망(컴퓨터 시스템)을 통하여, 도박사이트를 개설하거나 도박행위(또는 사행행위)를 한 경우	
	스포츠토토	정보통신망(컴퓨터 시스템)을 통하여, 체육진흥투표권이나 이와 비슷한 것을 발행하는 시스템을 이용하여 도박을 하게 하는 경우(도박행위 포함)
	경마,경륜,경정	정보통신망(컴퓨터 시스템)을 통하여, 경마·경륜·경정 등의 경주를 이용하여 도박을 하게 하는 경우(도박행위)
	기타 인터넷 도박	정보통신망(컴퓨터 시스템)을 통하여, 위와 같은 방법 이외의 방법으로 영리의 목적으로 도박사이트를 개설하여 도박을 하게 하는 경우(도박행위 포함)
사이버 명예훼손·모욕, 사이버스토킹	사이버 명예훼손	정보통신망(컴퓨터 시스템)을 통하여, 다른 사람의 명예를 훼손하는 경우(정통망법 제44조의7 제1항 제2호)

	사이버 모욕	정보통신망(컴퓨터 시스템)을 통하여, 공연히 사람을 모욕하는 경우
	사이버스토킹	정보통신망(컴퓨터 시스템)을 통하여, 공포심이나 불안감을 유발하는 부호·문언·음향·화상 또는 영상을 반복적으로 상대방에게 도달하도록 하는 경우(정통망법 제44조의7 제1항 제3호)

4 사이버범죄 예방 수칙[152]

1) 이메일 이용시 주의점

- 출처가 불분명한 이메일이나 첨부파일은 열지 말고 삭제한다.
- 첨부파일 열람 및 저장 전에는 반드시 백신으로 검사한다.
- 메일을 통해 개인정보제공을 요구하는 서비스의 경우 가급적 이용을 자제한다.
- 만약 이용할 경우 반드시 해당 업체 홈페이지에 직접 접속하여 꼼꼼히 확인한 후 이용한다.
- 날마다 메일을 체크하고 중요하지 않은 메일은 즉시 지운다.
- 이메일프로그램 또는 이메일제공서비스의 다양한 차단기능을 살펴보고 활용한다.
- 인터넷 게시판 등에 이메일 주소를 남길 때 신중히 한다.
- 인터넷 서비스 가입시 광고메일 수신 여부를 반드시 확인한다.

2) 온라인 금융거래 주의점

- 은행, 신용카드 등 금융기관 사이트는 즐겨찾기를 이용하거나, 주소를 정확하게 입력하고 이용한다.

---

152) 경찰청 사이버안전국 홈페이지.

- 금융기관 등에서는 전화나 메일로 개인정보를 확인하는 경우는 없으므로 정보를 요청하는 메일은 일단 의심한다.
- 공인인증서는 반드시 USB 등 이동식 저장장치에 보관한다.
- 보안카드는 반드시 본인이 소지하고, 온라인 다른 곳에 기재해 두지 않는다.
- 온라인 금융거래 이용 후, 이를 알려주는 휴대폰 문자서비스를 이용한다.
- 시간이 걸리더라도 금융기관에서 제공하는 보안프로그램은 반드시 설치한다.
- 금융기관 이용 비밀번호 등은 기타 다른 사이트의 비밀번호와는 다르게 설정한다.
- 공공장소 PC는 보안에 취약하므로 온라인 금융거래 이용을 자제한다.

3) 가족의 안전한 사이버 생활

- 컴퓨터를 개방된 공간에 두고 가족들이 공유할 수 있도록 한다.
- 자녀가 가입한 사이트, 카페 및 자녀의 ID가 무엇인지 알아둔다.
- 자녀가 사이버상에서 하는 활동에 대해 항상 대화한다.
- 온라인 게임은 규칙을 정해서 이용하도록 하고, 아이템이나 계정 거래 등에 대해 알아둔다.
- 부모의 주민번호, 신용카드번호 및 기타 비밀번호를 공개하지 않는다.
- 자녀에게 다음의 인터넷 수칙을 알려준다.
- 인터넷 채팅의 익명성을 알려주고 이름, 주소, 학교 등 신상정보를 알려주지 않도록 한다.
- 부모의 허락없이 인터넷을 통해 직접 사람을 만나지 않도록 한다.
- 부모의 허락없이 부가적인 요금을 내야하는 정보나 게임 등을 이용하지 않도록 한다.
- 인터넷 게시판에 그을 쓸 때는 에티켓을 갖추어야 한다.
- 저작자의 허락없이 저작물을 인터넷에 올려 저작권을 침해하지 않도록 한다.

5 디지털 증거의 처리 등에 관한 규칙

1) 정의[153]

① **전자정보** : 전기적 또는 자기적 방법으로 저장되거나 네트워크 및 유·무선 통신 등을 통해 전송되는 정보를 말한다.

② **디지털포렌식** : 전자정보를 수집·보존·운반·분석·현출·관리하여 범죄사실 규명을 위한 증거로 활용할 수 있도록 하는 과학적인 절차와 기술을 말한다.

③ **디지털 증거** : 범죄와 관련하여 증거로서의 가치가 있는 전자정보를 말한다.

④ **정보저장매체등** : 전자정보가 저장된 컴퓨터용 디스크, 그 밖에 이와 비슷한 정보저장매체를 말한다.

⑤ **정보저장매체등 원본** : 전자정보 압수·수색·검증을 목적으로 반출의 대상이 된 정보저장매체등을 말한다.

⑥ **복제본** : 정보저장매체등에 저장된 전자정보 전부를 하드카피 또는 이미징 등의 기술적 방법으로 별도의 다른 정보저장매체에 저장한 것을 말한다.

⑦ **디지털 증거분석 의뢰물** : 범죄사실을 규명하기 위해 디지털 증거분석관에게 분석의뢰된 전자정보, 정보저장매체등 원본, 복제본을 말한다.

⑧ **디지털 증거분석관** : 디지털 증거분석 의뢰를 받고 이를 수행하는 사람을 말한다.

⑨ **디지털포렌식 업무시스템** : 디지털 증거분석 의뢰와 분석결과 회신 등을 포함한 디지털포렌식 업무를 종합적으로 관리하기 위하여 구축된 전산시스템을 말한다.

2) 디지털 증거 처리의 원칙[154]

① 디지털 증거는 수집 시부터 수사 종결 시까지 변경 또는 훼손되지 않아야

---

153) 디지털 증거의 처리 등에 관한 규칙 제2조.
154) 디지털 증거의 처리 등에 관한 규칙 제5조.

하며, 정보저장매체등에 저장된 전자정보와 동일성이 유지되어야 한다.

② 디지털 증거 처리의 각 단계에서 업무처리자 변동 등의 이력이 관리되어야
한다.

③ 디지털 증거의 처리 시에는 디지털 증거 처리과정에서 이용한 장비의 기계
적 정확성, 프로그램의 신뢰성, 처리자의 전문적인 기술능력과 정확성이
담보되어야 한다.

3) 디지털 증거분석의 처리체계[155]

(1) 경찰청 사이버안전국 디지털포렌식 센터

1. 경찰청 각 부서에서 증거분석을 요청한 경우
2. 고도의 기술이나 특성 분석장비 등이 필요하여 지방경찰청에서 증거분석이
곤란한 경우
3. 법원, 수사·조사기관, 중앙행정기관, 국외 기관 등이 범죄사실 규명을 위하
여 디지털 증거분석을 요청하고 그 정당성과 필요성이 인정되는 경우
4. 그 밖에 경찰청에서 디지털 증거분석을 하여야 할 상당한 이유가 있다고
인정되는 경우

(2) 지방경찰청 사이버안전과(수사과)

1. 지방경찰청 각 부서 및 경찰서에서 증거분석을 요청한 경우
2. 관할 내 법원, 수사·조사기관, 행정기관 등이 범죄사실 규명을 위하여 디
지털 증거분석을 요청하고 그 정당성과 필요성이 인정되는 경우
3. 경찰청 디지털포렌식센터와 협의하여 다른 지방경찰청의 디지털 증거분석
업무를 지원할 것을 결정한 경우
4. 그 밖에 지방경찰청에서 디지털 증거분석을 하여야 할 상당한 이유가 있다
고 인정되는 경우

---

155) 디지털 증거의 처리 등에 관한 규칙 제7조.

제4장

교통경찰

1 교통경찰

　　교통경찰은 교통로에 대한 위해를 방지하고 교통의 안전과 소통을 원활히 하기 위한 것을 목적으로 교통상의 장애를 방지하고 제거하는 업무를 수행하는 경찰을 의미한다[156]. 교통경찰에 있어서는 남녀노소를 막론하고 모든 사람이 교통경찰의 대상이 되며, 교통경찰의 활동은 국민들의 사회생활이나 경제활동 등 사회생활에 중대한 영향을 끼친다. 교통단속에 있어서 국민들은 경찰조직 전체에 대한 평가를 하기에 교통경찰은 경찰활동에 있어서 평가의 창구가 된다. 또한 교통경찰은 교통단속 및 교통사고 처리, 교통신호 및 교통시설 아나가 자동차의 구조와 기능 등 기술적 분야에 있어서 전문적인 지식이 필요하다. 자동차의 성능이 향상되어 이동이 원활해지면서 교통경찰의 활동은 전국적인 관련성이 크다[157].

---

156) 손봉선·최선우·김경태. (2008). 경찰교통론. 21세기사. 20.
157) 신현기. (2015). 경찰학객론. 법문사. 511−512.

2 교통경찰의 조직

1) 교통국장

경찰청은 교통국에 국장은 치안감 또는 경무관으로 보하며, 교통국장은 아래 사항을 분장한다.[158]

1. 도로교통에 관련되는 종합기획 및 심사분석
2. 도로교통에 관련되는 법령의 정비 및 행정제도의 연구
3. 교통경찰공무원에 대한 교육 및 지도
4. 도로교통시설의 관리
5. 자동차운전면허의 관리
6. 도로교통사고의 예방을 위한 홍보·지도 및 단속
7. 도로교통사고조사의 지도
8. 고속도로순찰대의 운영 및 지도

2) 교통국 각과장

교통국에 교통기획과·교통안전과 및 교통운영과를 두며, 각 과장은 총경으로 보한다.[159]

(1) 교통기획과장

1. 도로교통에 관련되는 사항에 대한 종합기획 및 심사분석
2. 도로교통에 관련되는 법령의 정비 및 행정제도의 연구
3. 교통경찰공무원에 대한 교육·지도
4. 자동차운전면허 관련 기획·지도
5. 운전면허시험의 지도·감독

---

158) 경찰청과 그 소속기관 직제 제12조의3.
159) 경찰청과 그 소속기관 직제 시행규칙 제9조의3.

6. 그 밖에 국내 다른 과의 주관에 속하지 아니하는 사항

(2) 교통안전과장

1. 도로교통사고의 예방을 위한 홍보·지도 및 단속
2. 도로교통사고 조사의 지도
3. 고속도로순찰대의 운영 감독

(3) 교통운영과장

1. 도로교통시설의 관리
2. 광역 교통정보 사업 관련 업무
3. 교통정보의 수집·분석 및 제공

---

3 도로교통법

1) 정의[160]

(1) 도로

가. 「도로법」에 따른 도로
나. 「유료도로법」에 따른 유료도로
다. 「농어촌도로 정비법」에 따른 농어촌도로
라. 그 밖에 현실적으로 불특정 다수의 사람 또는 차마(車馬)가 통행할 수
있도록 공개된 장소로서 안전하고 원활한 교통을 확보할 필요가 있는
장소

- 「도로법」에 따른 도로[161]
  1. 고속국도(고속국도의 지선 포함)

---

160) 도로교통법 제2조.
161) 도로법 제10조.

2. 일반국도(일반국도의 지선 포함)

3. 특별시도(特別市道)·광역시도(廣域市道)

4. 지방도

5. 시도

6. 군도

7. 구도

(2) **자동차전용도로** : 자동차만 다닐 수 있도록 설치된 도로

(3) **고속도로** : 자동차의 고속 운행에만 사용하기 위하여 지정된 도로

(4) **차도**(車道) : 연석선, 안전표지 또는 그와 비슷한 인공구조물을 이용하여 경계(境界)를 표시하여 모든 차가 통행할 수 있도록 설치된 도로의 부분

(5) **중앙선** : 차마의 통행 방향을 명확하게 구분하기 위하여 도로에 황색 실선(實線)이나 황색 점선 등의 안전표지로 표시한 선 또는 중앙분리대나 울타리 등으로 설치한 시설물

(6) **차로** : 차마가 한 줄로 도로의 정하여진 부분을 통행하도록 차선(車線)으로 구분한 차도의 부분

(7) **차선** : 차로와 차로를 구분하기 위하여 그 경계지점을 안전표지로 표시한 선

(8) **노면전차 전용로** : 도로에서 궤도를 설치하고, 안전표지 또는 인공구조물로 경계를 표시하여 설치한 도로 또는 차로

(9) **자전거도로** : 안전표지, 위험방지용 울타리나 그와 비슷한 인공구조물로 경계를 표시하여 자전거가 통행할 수 있도록 설치된 도로

(10) **자전거횡단도** : 자전거가 일반도로를 횡단할 수 있도록 안전표지로 표시한 도로의 부분

(11) **보도**(步道) : 연석선, 안전표지나 그와 비슷한 인공구조물로 경계를 표시

하여 보행자가 통행할 수 있도록 한 도로의 부분

(12) 길가장자리구역 : 보도와 차도가 구분되지 아니한 도로에서 보행자의 안전을 확보하기 위하여 안전표지 등으로 경계를 표시한 도로의 가장자리 부분

(13) 횡단보도 : 보행자가 도로를 횡단할 수 있도록 안전표지로 표시한 도로의 부분

(14) 교차로 : '십'자로, 'T'자로나 그 밖에 둘 이상의 도로(보도와 차도가 구분되어 있는 도로에서는 차도를 말한다)가 교차하는 부분

(15) 안전지대 : 도로를 횡단하는 보행자나 통행하는 차마의 안전을 위하여 안전표지나 이와 비슷한 인공구조물로 표시한 도로의 부분

(16) 신호기 : 도로교통에서 문자·기호 또는 등화(燈火)를 사용하여 진행·정지·방향전환·주의 등의 신호를 표시하기 위하여 사람이나 전기의 힘으로 조작하는 장치

(17) 안전표지 : 교통안전에 필요한 주의·규제·지시 등을 표시하는 표지판이나 도로의 바닥에 표시하는 기호·문자 또는 선 등

(18) 차마
　① 차
　　1) 자동차
　　2) 건설기계
　　3) 원동기장치자전거
　　4) 자전거
　　5) 사람 또는 가축의 힘이나 그 밖의 동력(動力)으로 도로에서 운전되는 것. 다만, 철길이나 가설(架設)된 선을 이용하여 운전되는 것, 유모차와 보행보조용 의자차는 제외
　② 마 : 교통이나 운수(運輸)에 사용되는 가축

(19) 노면전차 : 노면전차로서 도로에서 궤도를 이용하여 운행되는 차

(20) **자동차** : 철길이나 가설된 선을 이용하지 아니하고 원동기를 사용하여 운전되는 차(견인되는 자동차도 자동차의 일부로 본다)

　가. 「자동차관리법」 제3조에 따른 다음의 자동차. 다만, 원동기장치자전거는 제외한다.

　　1) 승용자동차

　　2) 승합자동차

　　3) 화물자동차

　　4) 특수자동차

　　5) 이륜자동차

　나. 「건설기계관리법」 제26조제1항 단서에 따른 건설기계

(21) **원동기장치자전거**

　가. 이륜자동차 가운데 배기량 125시시 이하의 이륜자동차

　나. 배기량 50시시 미만(전기를 동력으로 하는 경우에는 정격출력 0.59킬로와트 미만)의 원동기를 단 차(「자전거 이용 활성화에 관한 법률」 제2조제1호의2에 따른 전기자전거는 제외한다)

(22) **자전거** : 「자전거 이용 활성화에 관한 법률」 제2조제1호 및 제1호의2에 따른 자전거 및 전기자전거를 말한다.

(23) **자동차등** : 자동차와 원동기장치자전거

(24) **긴급자동차** : 그 본래의 긴급한 용도로 사용되고 있는 자동차

　가. 소방차

　나. 구급차

　다. 혈액 공급차량

　라. 그 밖에 대통령령으로 정하는 자동차

(25) **어린이통학버스** : 다음 각 목의 시설 가운데 어린이(13세 미만인 사람)를 교육 대상으로 하는 시설에서 어린이의 통학 등에 이용되는 자동차와 여객자동차운송사업의 한정면허를 받아 어린이를 여객대상으로 하여 운행되

는 운송사업용 자동차

가. 「유아교육법」에 따른 유치원 및 유아교육진흥원, 「초·중등교육법」에 따른 초등학교, 특수학교, 대안학교 및 외국인학교

나. 「영유아보육법」에 따른 어린이집

다. 「학원의 설립·운영 및 과외교습에 관한 법률」에 따라 설립된 학원 및 교습소

라. 「체육시설의 설치·이용에 관한 법률」에 따라 설립된 체육시설

마. 「아동복지법」에 따른 아동복지시설(아동보호전문기관은 제외한다)

바. 「청소년활동 진흥법」에 따른 청소년수련시설

사. 「장애인복지법」에 따른 장애인복지시설(장애인 직업재활시설은 제외한다)

아. 「도서관법」에 따른 공공도서관

자. 「평생교육법」에 따른 시·도평생교육진흥원 및 시·군·구평생학습관

차. 「사회복지사업법」에 따른 사회복지시설 및 사회복지관

(26) 주차 : 운전자가 승객을 기다리거나 화물을 싣거나 차가 고장 나거나 그 밖의 사유로 차를 계속 정지 상태에 두는 것 또는 운전자가 차에서 떠나서 즉시 그 차를 운전할 수 없는 상태에 두는 것

(27) 정차 : 운전자가 5분을 초과하지 아니하고 차를 정지시키는 것으로서 주차 외의 정지 상태

(28) 운전 : 도로에서 차마 또는 노면전차를 그 본래의 사용방법에 따라 사용하는 것(조종을 포함한다)

(29) 초보운전자 : 처음 운전면허를 받은 날(처음 운전면허를 받은 날부터 2년이 지나기 전에 운전면허의 취소처분을 받은 경우에는 그 후 다시 운전면허를 받은 날을 말한다)부터 2년이 지나지 아니한 사람을 말한다. 이 경우 원동기장치자전거면허만 받은 사람이 원동기장치자전거면허 외의 운전면허를 받은 경우에는 처음 운전면허를 받은 것으로 본다.

(30) 서행(徐行) : 운전자가 차 또는 노면전차를 즉시 정지시킬 수 있는 정도의

느린 속도로 진행하는 것

(31) **앞지르기** : 차의 운전자가 앞서가는 다른 차의 옆을 지나서 그 차의 앞으로 나가는 것

(32) **일시정지** : 차 또는 노면전차의 운전자가 그 차 또는 노면전차의 바퀴를 일시적으로 완전히 정지시키는 것

(33) **보행자전용도로** : 보행자만 다닐 수 있도록 안전표지나 그와 비슷한 인공구조물로 표시한 도로

(34) **자동차운전학원** : 자동차등의 운전에 관한 지식·기능을 교육하는 시설로서 아래사항의 시설 외의 시설

　가. 교육 관계 법령에 따른 학교에서 소속 학생 및 교직원의 연수를 위하여 설치한 시설

　나. 사업장 등의 시설로서 소속 직원의 연수를 위한 시설

　다. 전산장치에 의한 모의운전 연습시설

　라. 지방자치단체 등이 신체장애인의 운전교육을 위하여 설치하는 시설 가운데 지방경찰청장이 인정하는 시설

　마. 대가(代價)를 받지 아니하고 운전교육을 하는 시설

　바. 운전면허를 받은 사람을 대상으로 다양한 운전경험을 체험할 수 있도록 하기 위하여 도로가 아닌 장소에서 운전교육을 하는 시설

(35) **모범운전자** : 무사고운전자 또는 유공운전자의 표시장을 받거나 2년 이상 사업용 자동차 운전에 종사하면서 교통사고를 일으킨 전력이 없는 사람으로서 경찰청장이 정하는 바에 따라 선발되어 교통안전 봉사활동에 종사하는 사람

2) 주요 내용

(1) 보행자의 통행방법

1) 보행자의 통행[162)]

① 보행자는 보도와 차도가 구분된 도로에서는 언제나 보도로 통행하여야 한다. 다만, 차도를 횡단하는 경우, 도로공사 등으로 보도의 통행이 금지된 경우나 그 밖의 부득이한 경우에는 그러하지 아니하다.

② 보행자는 보도와 차도가 구분되지 아니한 도로에서는 차마와 마주보는 방향의 길가장자리 또는 길가장자리구역으로 통행하여야 한다. 다만, 도로의 통행방향이 일방통행인 경우에는 차마를 마주보지 아니하고 통행할 수 있다.

③ 보행자는 보도에서는 우측통행을 원칙으로 한다.

2) 도로의 횡단[163)]

① 지방경찰청장은 도로를 횡단하는 보행자의 안전을 위하여 행정안전부령으로 정하는 기준에 따라 횡단보도를 설치할 수 있다.

② 보행자는 횡단보도, 지하도, 육교나 그 밖의 도로 횡단시설이 설치되어 있는 도로에서는 그 곳으로 횡단하여야 한다. 다만, 지하도나 육교 등의 도로 횡단시설을 이용할 수 없는 지체장애인의 경우에는 다른 교통에 방해가 되지 아니하는 방법으로 도로 횡단시설을 이용하지 아니하고 도로를 횡단할 수 있다.

③ 보행자는 횡단보도가 설치되어 있지 아니한 도로에서는 가장 짧은 거리로 횡단하여야 한다.

④ 보행자는 차와 노면전차의 바로 앞이나 뒤로 횡단하여서는 아니 된다. 다만, 횡단보도를 횡단하거나 신호기 또는 경찰공무원등의 신호나 지시에 따라 도로를 횡단하는 경우에는 그러하지 아니하다.

⑤ 보행자는 안전표지 등에 의하여 횡단이 금지되어 있는 도로의 부분에서는 그 도로를 횡단하여서는 아니 된다.

---

162) 도로교통법 제8조.
163) 도로교통법 제10조.

• 횡단보도의 설치기준[164]

1. 횡단보도에는 횡단보도표시와 횡단보도표지판을 설치할 것
2. 횡단보도를 설치하고자 하는 장소에 횡단보행자용 신호기가 설치되어 있는 경우에는 횡단보도표시를 설치할 것
3. 횡단보도를 설치하고자 하는 도로의 표면이 포장이 되지 아니하여 횡단보도표시를 할 수 없는 때에는 횡단보도표지판을 설치할 것. 이 경우 그 횡단보도표지판에 횡단보도의 너비를 표시하는 보조표지를 설치하여야 한다.
4. 횡단보도는 육교·지하도 및 다른 횡단보도로부터 다음 각 목에 따른 거리 이내에는 설치하지 아니할 것. 다만, 어린이 보호구역, 노인 보호구역 또는 장애인 보호구역으로 지정된 구간인 경우 또는 보행자의 안전이나 통행을 위하여 특히 필요하다고 인정되는 경우에는 그러하지 아니하다.

(2) 차마 및 노면전차의 통행방법

1) 차마의 통행[165]

① 차마의 운전자는 보도와 차도가 구분된 도로에서는 차도로 통행하여야 한다. 다만, 도로 외의 곳으로 출입할 때에는 보도를 횡단하여 통행할 수 있다.
② 차마의 운전자는 보도를 횡단하기 직전에 일시정지하여 좌측과 우측 부분 등을 살핀 후 보행자의 통행을 방해하지 아니하도록 횡단하여야 한다.
③ 차마의 운전자는 도로의 중앙 우측 부분을 통행하여야 한다.
④ 차마의 운전자는 아래 사항의 경우에는 도로의 중앙이나 좌측 부분을 통행할 수 있다.

1. 도로가 일방통행인 경우
2. 도로의 파손, 도로공사나 그 밖의 장애 등으로 도로의 우측 부분을 통행할 수 없는 경우

---

164) 도로교통법 시행규칙 제11조.
165) 도로교통법 제13조.

3. 도로 우측 부분의 폭이 6미터가 되지 아니하는 도로에서 다른 차를 앞지르려는 경우. 다만, 아래 사항 중 어느 하나에 해당하는 경우에는 그러하지 아니하다.

    가. 도로의 좌측 부분을 확인할 수 없는 경우

    나. 반대 방향의 교통을 방해할 우려가 있는 경우

    다. 안전표지 등으로 앞지르기를 금지하거나 제한하고 있는 경우

4. 도로 우측 부분의 폭이 차마의 통행에 충분하지 아니한 경우

5. 가파른 비탈길의 구부러진 곳에서 교통의 위험을 방지하기 위하여 지방경찰청장이 필요하다고 인정하여 구간 및 통행방법을 지정하고 있는 경우에 그 지정에 따라 통행하는 경우

⑤ 차마의 운전자는 안전지대 등 안전표지에 의하여 진입이 금지된 장소에 들어가서는 아니 된다.

⑥ 차마(자전거등은 제외한다)의 운전자는 안전표지로 통행이 허용된 장소를 제외하고는 자전거도로 또는 길가장자리구역으로 통행하여서는 아니 된다. 다만, 자전거 우선도로의 경우에는 그러하지 아니하다.

2) 자전거등의 통행방법의 특례[166]

① 자전거등의 운전자는 자전거도로가 따로 있는 곳에서는 그 자전거도로로 통행하여야 한다.

② 자전거등의 운전자는 자전거도로가 설치되지 아니한 곳에서는 도로 우측 가장자리에 붙어서 통행하여야 한다.

③ 자전거등의 운전자는 길가장자리구역(안전표지로 자전거등의 통행을 금지한 구간은 제외)을 통행할 수 있다. 이 경우 자전거등의 운전자는 보행자의 통행에 방해가 될 때에는 서행하거나 일시정지하여야 한다.

④ 자전거등의 운전자는 아래사항 중 어느 하나에 해당하는 경우에는 보도를 통행할 수 있다. 이 경우 자전거등의 운전자는 보도 중앙으로부터 차도 쪽 또는 안전표지로 지정된 곳으로 서행하여야 하며, 보행자의 통행에 방해가 될 때에는 일시정지하여야 한다.

---

166) 도로교통법 제13조의2.

1. 어린이, 노인, 그 밖에 행정안전부령으로 정하는 신체장애인이 자전거를 운전하는 경우. 다만, 전기자전거의 원동기를 끄지 아니하고 운전하는 경우는 제외한다.

2. 안전표지로 자전거등의 통행이 허용된 경우

3. 도로의 파손, 도로공사나 그 밖의 장애 등으로 도로를 통행할 수 없는 경우

⑤ 자전거의 운전자는 안전표지로 통행이 허용된 경우를 제외하고는 2대 이상이 나란히 차도를 통행하여서는 아니 된다.

⑥ 자전거등의 운전자가 횡단보도를 이용하여 도로를 횡단할 때에는 자전거등에서 내려서 자전거등을 끌거나 들고 보행하여야 한다.

3) 앞지르기 방법 등[167]

① 모든 차의 운전자는 다른 차를 앞지르려면 앞차의 좌측으로 통행하여야 한다.

② 자전거등의 운전자는 서행하거나 정지한 다른 차를 앞지르려면 앞차의 우측으로 통행할 수 있다. 이 경우 자전거등의 운전자는 정지한 차에서 승차하거나 하차하는 사람의 안전에 유의하여 서행하거나 필요한 경우 일시정지하여야 한다.

③ 앞지르려고 하는 모든 차의 운전자는 반대방향의 교통과 앞차 앞쪽의 교통에도 주의를 충분히 기울여야 하며, 앞차의 속도·진로와 그 밖의 도로상황에 따라 방향지시기·등화 또는 경음기(警音機)를 사용하는 등 안전한 속도와 방법으로 앞지르기를 하여야 한다.

④ 모든 차의 운전자는 앞지르기를 하는 차가 있을 때에는 속도를 높여 경쟁하거나 그 차의 앞을 가로막는 등의 방법으로 앞지르기를 방해하여서는 아니 된다.

4) 앞지르기 금지의 시기 및 장소[168]

① 모든 차의 운전자는 아래 사항 중 어느 하나에 해당하는 경우에는 앞차를 앞지르지 못한다.

---

167) 도로교통법 제21조.
168) 도로교통법 제22조.

    1. 앞차의 좌측에 다른 차가 앞차와 나란히 가고 있는 경우

    2. 앞차가 다른 차를 앞지르고 있거나 앞지르려고 하는 경우

② 모든 차의 운전자는 아래 사항 중 어느 하나에 해당하는 다른 차를 앞지르지 못한다.

    1. 이 법이나 이 법에 따른 명령에 따라 정지하거나 서행하고 있는 차

    2. 경찰공무원의 지시에 따라 정지하거나 서행하고 있는 차

    3. 위험을 방지하기 위하여 정지하거나 서행하고 있는 차

③ 모든 차의 운전자는 아래 사항 중 어느 하나에 해당하는 곳에서는 다른 차를 앞지르지 못한다.

    1. 교차로

    2. 터널 안

    3. 다리 위

    4. 도로의 구부러진 곳, 비탈길의 고갯마루 부근 또는 가파른 비탈길의 내리막 등 지방경찰청장이 도로에서의 위험을 방지하고 교통의 안전과 원활한 소통을 확보하기 위하여 필요하다고 인정하는 곳으로서 안전표지로 지정한 곳

5) 정차 및 주차의 금지[169]

    1. 교차로·횡단보도·건널목이나 보도와 차도가 구분된 도로의 보도(차도와 보도에 걸쳐서 설치된 노상주차장은 제외한다)

    2. 교차로의 가장자리나 도로의 모퉁이로부터 5미터 이내인 곳

    3. 안전지대가 설치된 도로에서는 그 안전지대의 사방으로부터 각각 10미터 이내인 곳

    4. 버스여객자동차의 정류지(停留地)임을 표시하는 기둥이나 표지판 또는 선이 설치된 곳으로 부터 10미터 이내인 곳. 다만, 버스여객자동차의 운전자가 그 버스여객자동차의 운행시간 중에 운행노선에 따르는 정류장에서 승객을 태우거나 내리기 위하여 차를 정차하거나 주차하는 경우에는 그러하지 아니하다.

---

169) 도로교통법 제32조.

5. 건널목의 가장자리 또는 횡단보도로부터 10미터 이내인 곳

6. 다음 아래의 곳으로부터 5미터 이내인 곳

　가. 소방용수시설 또는 비상소화장치가 설치된 곳

　나. 소방시설로서 대통령령으로 정하는 시설이 설치된 곳

7. 지방경찰청장이 도로에서의 위험을 방지하고 교통의 안전과 원활한 소통을 확보하기 위하여 필요하다고 인정하여 지정한 곳

6) 주차금지의 장소

1. 터널 안 및 다리 위

2. 다음 각 목의 곳으로부터 5미터 이내인 곳

　가. 도로공사를 하고 있는 경우에는 그 공사 구역의 양쪽 가장자리

　나. 다중이용업소의 엉업장이 속한 건축물로 소방본부장의 요청에 의하여 지방경찰청장이 지정한 곳

3. 지방경찰청장이 도로에서의 위험을 방지하고 교통의 안전과 원활한 소통을 확보하기 위하여 필요하다고 인정하여 지정한 곳

(3) 운전자 및 고용주 등의 의무

1) 무면허운전 등의 금지[170]

지방경찰청장으로부터 운전면허를 받지 아니하거나 운전면허의 효력이 정지된 경우에는 자동차등(개인형 이동장치는 제외한다)을 운전하여서는 아니 된다

2) 술에 취한 상태에서의 운전 금지[171]

① 누구든지 술에 취한 상태에서 자동차등, 노면전차 또는 자전거를 운전하여서는 아니 된다.

② 경찰공무원은 교통의 안전과 위험방지를 위하여 필요하다고 인정하거나 위반하여 술에 취한 상태에서 자동차등, 노면전차 또는 자전거를 운전하였다고 인정할 만한 상당한 이유가 있는 경우에는 운전자가 술에 취하였는지를 호흡조사로 측정할 수 있다. 이 경우 운전자는 경찰공무원의 측정

---

170) 도로교통법 제43조.

171) 도로교통법 제44조.

에 응하여야 한다.

③ 측정 결과에 불복하는 운전자에 대하여는 그 운전자의 동의를 받아 혈액 채취 등의 방법으로 다시 측정할 수 있다.

④ 운전이 금지되는 술에 취한 상태의 기준은 운전자의 혈중알코올농도가 0.03퍼센트 이상인 경우로 한다.

3) 난폭운전 금지[172]

자동차등(개인형 이동장치는 제외한다)의 운전자는 아래 사항 중 둘 이상의 행위를 연달아 하거나, 하나의 행위를 지속 또는 반복하여 다른 사람에게 위협 또는 위해를 가하거나 교통상의 위험을 발생하게 하여서는 아니 된다.

1. 신호 또는 지시 위반
2. 중앙선 침범
3. 속도의 위반
4. 횡단·유턴·후진 금지 위반
5. 안전거리 미확보, 진로변경 금지 위반, 급제동 금지 위반
6. 앞지르기 방법 또는 앞지르기의 방해금지 위반
7. 정당한 사유 없는 소음 발생
8. 고속도로에서의 앞지르기 방법 위반
9. 고속도로등에서의 횡단·유턴·후진 금지 위반

(4) 어린이통학버스

1) 어린이통합버스의 특별보호[173]

① 어린이통학버스가 도로에 정차하여 어린이나 영유아가 타고 내리는 중임을 표시하는 점멸등 등의 장치를 작동 중일 때에는 어린이통학버스가 정차한 차로와 그 차로의 바로 옆 차로로 통행하는 차의 운전자는 어린이통학버스에 이르기 전에 일시정지하여 안전을 확인한 후 서행하여야 한다.

② 중앙선이 설치되지 아니한 도로와 편도 1차로인 도로에서는 반대방향에서

---

172) 도로교통법 제46조의3.
173) 도로교통법 제51조.

진행하는 차의 운전자도 어린이통학버스에 이르기 전에 일시정지하여 안전을 확인한 후 서행하여야 한다.

③ 모든 차의 운전자는 어린이나 영유아를 태우고 있다는 표시를 한 상태로 도로를 통행하는 어린이통학버스를 앞지르지 못한다.

2) 어린이통학버스의 신고 등[174]

어린이통학버스를 운영하려는 자는 행정안전부령으로 정하는 바에 따라 미리 관할 경찰서장에게 신고하고 신고증명서를 발급받아야 한다.

3) 어린이통학버스 운전자 및 운영자 등의 의무[175]

① 어린이통학버스를 운전하는 사람은 어린이나 영유아가 타고 내리는 경우에만 점멸등 등의 장치를 작동하여야 하며, 어린이나 영유아를 태우고 운행 중인 경우에만 표시를 하여야 한다.

② 어린이통학버스를 운전하는 사람은 어린이나 영유아가 어린이통학버스를 탈 때에는 승차한 모든 어린이나 영유아가 좌석안전띠를 매도록 한 후에 출발하여야 하며, 내릴 때에는 보도나 길가장자리구역 등 자동차로부터 안전한 장소에 도착한 것을 확인한 후에 출발하여야 한다. 다만, 좌석안전띠 착용과 관련하여 질병 등으로 인하여 좌석안전띠를 매는 것이 곤란하거나 행정안전부령으로 정하는 사유가 있는 경우에는 그러하지 아니하다.

③ 어린이통학버스를 운영하는 자는 어린이통학버스에 어린이나 영유아를 태울 때에는 성년인 사람 중 어린이통학버스를 운영하는 자가 지명한 보호자를 함께 태우고 운행하여야 하며, 동승한 보호자는 어린이나 영유아가 승차 또는 하차하는 때에는 자동차에서 내려서 어린이나 영유아가 안전하게 승하차하는 것을 확인하고 운행 중에는 어린이나 영유아가 좌석에 앉아 좌석안전띠를 매고 있도록 하는 등 어린이 보호에 필요한 조치를 하여야 한다.

④ 어린이통학버스를 운전하는 사람은 어린이통학버스 운행을 마친 후 어린이나 영유아가 모두 하차하였는지를 확인하여야 한다.

---

174) 도로교통법 제52조.
175) 도로교통법 제53조.

⑤ 어린이통학버스를 운전하는 사람이 어린이나 영유아의 하차 여부를 확인할 때에는 행정안전부령으로 정하는 어린이나 영유아의 하차를 확인할 수 있는 장치를 작동하여야 한다.

⑥ 어린이통학버스를 운영하는 자는 보호자를 함께 태우고 운행하는 경우에는 행정안전부령으로 정하는 보호자 동승을 표시하는 표지를 부착할 수 있으며, 누구든지 보호자를 함께 태우지 아니하고 운행하는 경우에는 보호자 동승표지를 부착하여서는 아니된다.

⑦ 어린이통학버스를 운영하는 자는 좌석안전띠 착용 및 보호자 동승 확인 기록을 작성·보관하고 매 분기 어린이통학버스를 운영하는 시설을 감독하는 주무기관의 장에게 안전운행기록을 제출하여야 한다.

4) 어린이통학버스 운영자 등에 대한 안전교육[176]

① 어린이통학버스를 운영하는 사람과 운전하는 사람 및 보호자는 어린이통학버스의 안전운행 등에 관한 교육을 받아야 한다.

② 어린이통학버스 안전교육

    1. 신규 안전교육: 어린이통학버스를 운영하려는 사람과 운전하려는 사람 및 동승하려는 보호자를 대상으로 그 운영, 운전 또는 동승을 하기 전에 실시하는 교육

    2. 정기 안전교육: 어린이통학버스를 계속하여 운영하는 사람과 운전하는 사람 및 동승한 보호자를 대상으로 2년마다 정기적으로 실시하는 교육

③ 어린이통학버스를 운영하는 사람은 어린이통학버스 안전교육을 받지 아니한 사람에게 어린이통학버스를 운전하게 하거나 어린이통학버스에 동승하게 하여서는 아니 된다.

(5) 고속도로 및 자동차전용도로에서의 특례

1) 갓길 통행금지 등[177]

① 자동차의 운전자는 고속도로등에서 자동차의 고장 등 부득이한 사정이 있

---

176) 도로교통법 제53조의3
177) 도로교통법 제60조.

는 경우를 제외하고는 행정안전부령으로 정하는 차로에 따라 통행하여야 하며, 갓길로 통행하여서는 아니 된다. 다만, 아래 사항 중의 어느 하나에 해당하는 경우에는 그러하지 아니하다.

1. 긴급자동차와 고속도로등의 보수·유지 등의 작업을 하는 자동차를 운전하는 경우
2. 차량정체 시 신호기 또는 경찰공무원등의 신호나 지시에 따라 갓길에서 자동차를 운전하는 경우

② 자동차의 운전자는 고속도로에서 다른 차를 앞지르려면 방향지시기, 등화 또는 경음기를 사용하여 행정안전부령으로 정하는 차로로 안전하게 통행하여야 한다.

2) 횡단 등의 금지[178]

자동차의 운전자는 그 차를 운전하여 고속도로등을 횡단하거나 유턴 또는 후진하여서는 아니 된다. 다만, 긴급자동차 또는 도로의 보수·유지 등의 작업을 하는 자동차 가운데 고속도로등에서의 위험을 방지·제거하거나 교통사고에 대한 응급조치작업을 위한 자동차로서 그 목적을 위하여 반드시 필요한 경우에는 그러하지 아니하다.

3) 통행 등의 금지[179]

자동차(이륜자동차는 긴급자동차만 해당한다) 외의 차마의 운전자 또는 보행자는 고속도로등을 통행하거나 횡단하여서는 아니 된다.

4) 고속도로등에서의 정차 및 주차의 금지[180]

자동차의 운전자는 고속도로등에서 차를 정차하거나 주차시켜서는 아니 된다. 다만, 아래 사항 중 어느 하나에 해당하는 경우에는 그러하지 아니하다.

1. 법령의 규정 또는 경찰공무원(자치경찰공무원은 제외한다)의 지시에 따르거나 위험을 방지하기 위하여 일시 정차 또는 주차시키는 경우
2. 정차 또는 주차할 수 있도록 안전표지를 설치한 곳이나 정류장에서 정차

---

178) 도로교통법 제62조.
179) 도로교통법 제63조.
180) 도로교통법 제64조.

또는 주차시키는 경우

3. 고장이나 그 밖의 부득이한 사유로 길가장자리구역(갓길을 포함한다)에 정차 또는 주차시키는 경우

4. 통행료를 내기 위하여 통행료를 받는 곳에서 정차하는 경우

5. 도로의 관리자가 고속도로등을 보수·유지 또는 순회하기 위하여 정차 또는 주차시키는 경우

6. 경찰용 긴급자동차가 고속도로등에서 범죄수사, 교통단속이나 그 밖의 경찰임무를 수행하기 위하여 정차 또는 주차시키는 경우

6의2. 소방차가 고속도로등에서 화재진압 및 인명 구조·구급 등 소방활동, 소방지원활동 및 생활안전활동을 수행하기 위하여 정차 또는 주차시키는 경우

6의3. 경찰용 긴급자동차 및 소방차를 제외한 긴급자동차가 사용 목적을 달성하기 위하여 정차 또는 주차시키는 경우

7. 교통이 밀리거나 그 밖의 부득이한 사유로 움직일 수 없을 때에 고속도로 등의 차로에 일시 정차 또는 주차시키는 경우

(6) 도로의 사용

1) 도로에서의 금지행위 등[181]

① 누구든지 함부로 신호기를 조작하거나 교통안전시설을 철거·이전하거나 손괴하여서는 아니 되며, 교통안전시설이나 그와 비슷한 인공구조물을 도로에 설치하여서는 아니 된다.

② 누구든지 교통에 방해가 될 만한 물건을 도로에 함부로 내버려두어서는 아니 된다.

③ 누구든지 아래 사항 중 어느 하나에 해당하는 행위를 하여서는 아니 된다.

1. 술에 취하여 도로에서 갈팡질팡하는 행위

2. 도로에서 교통에 방해되는 방법으로 눕거나 앉거나 서있는 행위

3. 교통이 빈번한 도로에서 공놀이 또는 썰매타기 등의 놀이를 하는 행위

4. 돌·유리병·쇳조각이나 그 밖에 도로에 있는 사람이나 차마를 손상시킬

---

181) 도로교통법 제68조.

우려가 있는 물건을 던지거나 발사하는 행위

5. 도로를 통행하고 있는 차마에서 밖으로 물건을 던지는 행위

6. 도로를 통행하고 있는 차마에 뛰어오르거나 매달리거나 차마에서 뛰어 내리는 행위

7. 그 밖에 지방경찰청장이 교통상의 위험을 방지하기 위하여 필요하다고 인정하여 지정·공고한 행위

(7) 운전면허

1) 운전면허[182]

① 자동차등을 운전하려는 사람은 지방경찰청장으로부터 운전면허를 받아야 한다. 다만, 개인형 이동장치 또는 교통약자가 최고속도 시속 20킬로미터 이하로만 운행될 수 있는 차를 운전하는 경우에는 그러하지 아니하다.

② 지방경찰청장은 운전을 할 수 있는 차의 종류를 기준으로 아래와 같이 운전면허의 범위를 구분하고 관리하여야 한다. 이 경우 운전면허의 범위에 따라 운전할 수 있는 차의 종류는 행정안전부령으로 정한다.

1. 제1종 운전면허

　가. 대형면허

　나. 보통면허

　다. 소형면허

　라. 특수면허

　　1) 대형견인차면허

　　2) 소형견인차면허

　　3) 구난차면허

2. 제2종 운전면허

　가. 보통면허

　나. 소형면허

　다. 원동기장치자전거면허

3. 연습운전면허

---

182) 도로교통법 제80조.

가. 제1종 보통연습면허

나. 제2종 보통연습면허

2) 연습운전면허의 효력[183]

연습운전면허는 그 면허를 받은 날부터 1년 동안 효력을 가진다. 다만, 연습운전면허를 받은 날부터 1년 이전이라도 연습운전면허를 받은 사람이 제1종 보통면허 또는 제2종 보통면허를 받은 경우 연습운전면허는 그 효력을 잃는다.

3) 운전면허의 결격사유[184]

1. 18세 미만(원동기장치자전거의 경우에는 16세 미만)인 사람
2. 교통상의 위험과 장해를 일으킬 수 있는 정신질환자 또는 뇌전증 환자로서 대통령령으로 정하는 사람
3. 듣지 못하는 사람(제1종 운전면허 중 대형면허·특수면허만 해당한다), 앞을 보지 못하는 사람(한쪽 눈만 보지 못하는 사람의 경우에는 제1종 운전면허 중 대형면허·특수면허만 해당한다)이나 그 밖에 대통령령으로 정하는 신체장애인
4. 양쪽 팔의 팔꿈치관절 이상을 잃은 사람이나 양쪽 팔을 전혀 쓸 수 없는 사람. 다만, 본인의 신체장애 정도에 적합하게 제작된 자동차를 이용하여 정상적인 운전을 할 수 있는 경우에는 그러하지 아니하다.
5. 교통상의 위험과 장해를 일으킬 수 있는 마약·대마·향정신성의약품 또는 알코올 중독자로서 대통령령으로 정하는 사람
6. 제1종 대형면허 또는 제1종 특수면허를 받으려는 경우로서 19세 미만이거나 자동차(이륜자동차는 제외한다)의 운전경험이 1년 미만인 사람
7. 대한민국의 국적을 가지지 아니한 사람 중 외국인등록을 하지 아니한 사람(외국인등록이 면제된 사람은 제외)이나 국내거소신고를 하지 아니한 사람

---

183) 도로교통법 제81조.
184) 도로교통법 제82조.

4) 운전면허 절차

운전면허 절차

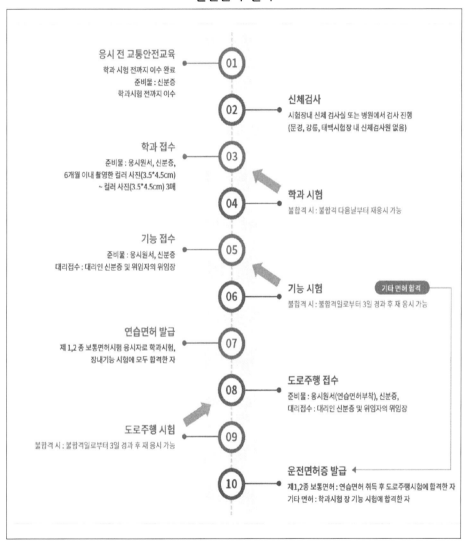

01 응시 전 교통안전교육
학과 시험 전까지 이수 완료
준비물 : 신분증
학과시험 전까지 이수

02 신체검사
시험장내 신체 검사실 또는 병원에서 검사 진행
(문경, 강릉, 태백시험장 내 신체검사원 없음)

03 학과 접수
준비물 : 응시원서, 신분증,
6개월 이내 촬영한 컬러 사진(3.5*4.5cm)
~ 컬러 사진(3.5*4.5cm) 3매

04 학과 시험
불합격 시 : 불합격 다음날부터 재응시 가능

05 기능 접수
준비물 : 응시원서, 신분증
대리접수 : 대리인 신분증 및 위임자의 위임장

06 기능 시험
불합격 시 : 불합격일로부터 3일 경과 후 재 응시 가능

기타 면허 합격

07 연습면허 발급
제 1,2 종 보통면허시험 응시자로 학과시험,
장내기능 시험에 모두 합격한 자

08 도로주행 접수
준비물 : 응시원서(연습면허부착), 신분증,
대리접수 : 대리인 신분증 및 위임자의 위임장

09 도로주행 시험
불합격 시 : 불합격일로부터 3일 경과 후 재 응시 가능

10 운전면허증 발급
제1,2종 보통면허 : 연습면허 취득 후 도로주행시험에 합격한 자
기타 면허 : 학과시험 장 기능 시험에 합격한 자

출처: 도로교통공단 홈페이지

4 교통사고조사규칙

1) 용어의 정의[185)]

1. "교통"이란 차를 운전하여 사람 또는 화물을 이동시키거나 운반하는 등 차를 그 본래의 용법에 따라 사용하는 것을 말한다.

2. "교통사고"란 차의 교통으로 인하여 사람을 사상하거나 물건을 손괴한 것을 말한다.

3. "대형사고"란 3명 이상이 사망(교통사고 발생일부터 30일 이내에 사망한 것)하거나 20명 이상의 사상자가 발생한 사고를 말한다.

4. "교통조사관"이란 교통사고를 조사하여 검찰에 송치하는 등 교통사고 조사 업무를 처리하는 경찰공무원을 말한다.

5. "스키드마크(Skid mark)"란 차의 급제동으로 인하여 타이어의 회전이 정지된 상태에서 노면에 미끄러져 생긴 타이어 마모흔적 또는 활주흔적을 말한다.

6. "요마크(Yaw mark)"란 급핸들 등으로 인하여 차의 바퀴가 돌면서 차축과 평행하게 옆으로 미끄러진 타이어의 마모흔적을 말한다.

7. "충돌"이란 차가 반대방향 또는 측방에서 진입하여 그 차의 정면으로 다른 차의 정면 또는 측면을 충격한 것을 말한다.

8. "추돌"이란 2대 이상의 차가 동일방향으로 주행 중 뒤차가 앞차의 후면을 충격한 것을 말한다.

9. "접촉"이란 차가 추월, 교행 등을 하려다가 차의 좌우측면을 서로 스친 것을 말한다.

10. "전도"란 차가 주행 중 도로 또는 도로 이외의 장소에 차체의 측면이 지면에 접하고 있는 상태(좌측면이 지면에 접해 있으면 좌전도, 우측면이 지면에 접해 있으면 우전도)를 말한다.

11. "전복"이란 차가 주행 중 도로 또는 도로 이외의 장소에 뒤집혀 넘어진 것을 말한다.

---

185) 교통사고조사규칙 제2조.

12. "추락"이란 차가 도로변 절벽 또는 교량 등 높은 곳에서 떨어진 것을 말한다.
13. "뺑소니"란 교통사고를 야기한 차의 운전자가 피해자를 구호하는 등 조치를 취하지 아니하고 도주한 것을 말한다.
14. "교통사고 현장조사시스템"이란 교통사고 현장에 출동한 경찰관이 업무용 휴대전화를 이용하여 사고차량과 관련된 정보 조회, 증거수집, 초동조치 사항 및 피해자 진술 청취 보고 등을 전자적으로 입력·처리할 수 있도록 지원하는 시스템을 말한다.
15. "전자문서"란 형사사법정보시스템(KICS)에 의하여 전자적인 형태로 작성되어 송신·수신되거나 저장되는 정보로서 문서형식이 표준화된 것을 말한다.
16. "전자화문서"란 종이문서나 그 밖에 전자적 형태로 작성되지 아니한 문서를 형사사법정보시스템이 처리할 수 있는 형태로 변환한 문서를 말한다.

2) 사고처리를 위한 준비사항[186]

교통조사관은 관내지리, 교통상황, 병·의원 등 구호시설의 위치 및 전화번호 등을 파악하고, 다음 각 호의 조사장비를 준비하는 등 사고조사를 위한 사전준비를 철저히 하여야 한다.
1. 사고보고서, 현장약도용지, 필기구, 분필·석필(石筆) 등 기록용구
2. 줄자, 굴림자, 음주측정기 등 계측장비
3. 야간촬영가능 사진기, 확대경 등 증거수집 장비
4. 출입금지표시, 사고현장표시등, 사고현장표지판, 라바콘, 출입금지용 로프, 스프레이 등 현장보존 용구
5. 이동식 경광등, 반사성 안전모, 반사성 혁대 등 2차사고 방지용 장구
6. 손전등, 신호봉(불봉) 등 조명용 장비
7. 들것, 모포, 응급의약품, 흰색 광목천 등 구급용 장비
8. 그 밖의 삽, 재크, 청소용구 등 작업용 장구

---

186) 교통사고조사규칙 제3조.

3) 초동조치[187)

① 교통사고를 인지하거나 신고를 접수한 경찰공무원은 관할 또는 근무시간 여부와 관계없이 신속히 현장에 출동하여야 한다. 이 경우 소방 등 구호기관에도 통보하여 구급차 출동 등 사상자 구호활동이 이루어지도록 하여야 한다.

② 경찰공무원은 교통사고 신고를 접수할 때에는 상황판단, 출동경찰관 소요인원 판단 및 사고조사 보조 등을 위하여 신고자로부터 다음 각 호의 사항을 확인하여 기록하여야 한다.

1. 사고일시 및 장소
2. 피해정도 및 내용
3. 신고자의 성명, 연락처 및 사고 목격 여부
4. 신고자가 사고 당사자인 경우 사고차량 번호 및 차종

③ 사고현장에 출동한 경찰공무원은 아래사항의 초동조치를 취하여야 한다.

1. 수신호 또는 고장자동차 표지 설치 등 2차사고 예방을 위한 안전조치
2. 사상자에 대한 응급 구호조치
3. 사상자의 인적사항·피해정도 파악, 사상자가 차량 밖에 넘어져 있는 경우 넘어져 있는 위치 표시, 사상자 후송병원 기록
4. 사고차량 최종 정지지점 표시, 현장 유류품·타이어 흔적 등 증거수집 및 사진촬영
5. 사망·의식불명인 사람이 있는 경우 보호자 등에 통보
6. 사고 당사자 및 목격자 연락처 확보

④ 사망사고, 대형사고, 사회이목이 집중될 만한 사고는 반드시 경위 이상의 간부가 현장에 출동하여 초동조치를 지휘하여야 한다.

⑤ 다른 경찰서 관내의 교통사고 현장에 출동한 경찰공무원은 필요한 초동조치를 취한 후 신속히 해당 경찰서에 통보하여 그 경찰서에서 출동·조사하게 하여야 한다.

---

187) 교통사고조사규칙 제4조.

4) 사상자 구호[188)]

① 사고현장에 출동한 경찰공무원이 부상자의 응급구호를 할 때에는 다음 각
   호의 기준과 절차에 따라 조치하되 사상자의 상태 및 현장상황을 합리적
   으로 판단하여 신속하게 처리하여야 한다.

   1. 부상자에 대한 응급조치는 119구조대 또는 의료기관 응급구호요원이
      없는 경우로써 부상자가 의식이 없거나 호흡이 정지한 때 등 긴급한 경
      우에 한하여 심폐소생술에 따라 조치

   2. 부상자를 병·의원으로 후송하는 경우에는 본인 또는 보호자가 특정병
      원을 지정하는 경우를 제외하고는 부상정도가 심각한 사람부터 최단거
      리 병원 순으로 후송

   3. 중상자를 안전한 장소로 옮기기 위하여 무리하게 이동시켜 부상정도가
      악화되지 않도록 주의

   4. 사상자 수에 비하여 출동한 경찰공무원이 소수인 경우에는 현장 가까이
      있는 사람에게 협력 요청

   5. 사고현장에서 응급 구호요원이나 일반인이 구호 활동에 참여하는 경우
      에는 증거자료가 변형되지 않도록 교양 등 조치

② 교통사고 현장에 사망한 사람이 있는 경우에는 아래사항에 따라 조치하여
   야 한다.

   1. 단순히 의식이 없거나 호흡이 정지하였다는 사유로 사망한 것으로 판단
      하지 말고, 의료전문가의 판단이 있을 때 까지는 중상자와 동일하게 취급

   2. 사망한 것이 명백한 사람에 대해서는 신속히 사진촬영 등 증거확보 및
      보존 조치를 취하고 사람의 눈에 띄지 않는 적당한 장소로 이동하되,
      사망자에 대한 예의에 어긋나지 않도록 조치

   3. 사망자의 소지품은 현장에 출동한 경찰공무원이 관련자가 입회한 가운
      데 목록을 작성하여 목록과 함께 보관

   4. 검시 및 사체에 대한 수속이 종료된 된 때에는 신속히 의사의 검안서를
      첨부하여 소지품과 함께 사체를 유족에게 인계. 이 경우 유족이 없거나

---

188) 교통사고조사규칙. 제5조.

유족이 사체의 인수를 거부하는 경우에는 이를 시장·군수·구청장에게 인계

5) 교통통제 및 회복 등[189)]

① 경찰공무원은 교통사고 현장에서 사상자 구호, 현장보존 등 부득이한 경우에는 일시적으로 교통을 통제하거나 일방통행 등의 조치를 취할 수 있다.

② 교통을 통제하거나 일방통행의 조치를 취할 경우에는 "교통사고 조사 중" 표지판을 사고현장 전·후 적합한 위치에 설치하고, 반드시 1명 이상의 경찰공무원이 차량과 군중을 정리하여 2차 사고를 예방하여야 한다.

③ 경찰공무원은 사상자 구호 및 현장조사가 종료한 때에는 즉시 교통통제 등의 조치를 해제하여 정상적인 교통소통이 될 수 있도록 하여야 한다.

6) 교통사고조사[190)]

(1) 사고조사의 목적

1. 부상자의 구호 및 사체의 처리
2. 사고확대방지와 교통소통의 회복
3. 사고방지 대책을 위한 정확한 원인조사
4. 형사책임의 규명
5. 그 밖의 사고와 관련된 자료의 수집 등

(2) 현장보존

① 교통조사관은 교통사고 발생원인 및 사고에 대한 책임소재를 규명하는데 필요한 증거를 수집하기 위하여 현장을 보존하여야 한다.

② 교통조사관은 아래사항에서 정하는 조치 등에 유의하여 사고현장을 보존

---

189) 교통사고조사규칙 제6조.
190) 교통사고조사규칙 제7조~제18조.

하여야 한다.

1. 사고현장 보존을 위하여 필요한 최소 범위 내에서 교통을 통제하거나 일방통행의 조치를 취하는 경우에는 "교통사고 조사 중" 표지판, 적색 경광등 등을 설치하여 다른 차의 운전자가 사고현장임을 쉽게 알 수 있도록 조치
2. 사고현장의 보존은 사고차량의 상태와 정지지점을 표시한 후 현장을 촬영하여 사후에도 현장상황이 확인되도록 조치
3. 사고현장을 변경할 필요가 있는 때에는 사진촬영 이외에 현장약도를 작성하여 사후 조사에 지장이 없도록 조치
4. 스키드마크·요마크 등 타이어흔적, 혈흔, 유리 또는 페인트 조각, 유류품 등 멸실의 우려가 있는 증거자료는 사진촬영 및 채취하여 보존 조치
5. 현장의 신호기, 표지판, 전주, 가로수, 그 밖의 재물 등의 파손상태는 사진촬영 등 보존 조치
6. 현장에 출동한 경찰공무원이 2명 이상일 경우에는 그 임무를 분담하여 수행하고, 상황에 따라 도로관리청 또는 일반인의 협조 조치

(3) 목격자 확보 및 조사

① 교통조사관은 사고현장에 목격자가 있는 경우에는 즉석에서 그의 성명·주소, 연락할 전화번호 등을 확인하고 현장조사에 협조해 줄 것을 요청하여야 하며, 목격자는 가능한 한 다수인을 확보하여야 한다.
② 목격자에 대하여는 현장에서 아래 사항을 확인·조사하여야 한다.
   1. 목격자가 목격한 위치
   2. 가해차량의 사고 전·후 진행경로, 속도, 경음기 사용여부, 충돌상황, 피해상황, 피해자 구호여부 등
   3. 피해자 또는 피해차량의 사고 전·후 진행경로, 자세, 휴대품, 차량상태, 보행자인 경우 넘어져 있는 상태·방향, 피해상황 등
   4. 가해자 및 피해자와의 관계

(4) 현장에서 조사할 사항

1. 사고발생 년, 월, 일시 및 위치·방향
2. 맑음·흐림·비·눈·안개·바람·어둠 등 기상상황
3. 그 밖의 다음 각 목에서 정한 현장상황

　　가. 도로의 폭 및 유효폭

　　나. 보·차도 구분여부, 횡단보도·중앙선·정지선 유무와 그 폭

　　다. 도로 포장여부, 자갈·건조·습기·적설·결빙·요철 등 노면상황

　　라. 도로의 파괴부분, 공사여부, 노상 방치물, 노변 장애물 등 도로의 위험
　　　　요소

　　마. 도로의 직선·곡선 여부 및 경사도, 도로 양측의 상태 등

　　바. 교차점의 유무와 그 상황, 좌우의 시야, 교차 각도

　　사. 신호기, 도로표지의 유무와 그 위치, 종류

　　아. 제한속도, 교통량, 주·정차 규제여부

　　자. 야간사고의 경우 조명의 유무, 어둠의 정도

　　차. 혈흔, 유류품, 스키드마크·요마크, 물건의 손괴상태 등 사고를 추정할
　　　　수 있는 증거의 유무

(5) 사고지점 확정

① 교통조사관은 교통사고 발생원인을 명확히 규명하기 위하여 사고현장에서
사고와 관계있는 지점의 위치를 다음 각 호의 어느 하나의 방법을 이용하
여 표시하여야 한다.

　　1. 필요지점을 확정하기 위하여 기점 2개소를 선정하고 필요지점까지의
　　　　거리를 측정하는 2점 방식

　　2. 필요지점을 확정하기 위하여 기점 3개소를 선정하고 필요지점까지의
　　　　거리를 측정하는 3점 방식

② 교통사고현장은 아래 사항을 가해자, 피해자, 목격자, 그 밖의 입회인의 설
명 및 증거자료 등을 종합하여 조사하여야 한다.

　　1. 가해차량의 진로

  2. 가해자가 피해자를 발견할 수 있는 지점과 그 양자의 위치관계

  3. 가해자가 피해자를 발견한 지점과 그 양자의 위치관계

  4. 가해자가 사전에 경음기 취명, 서행, 방향전환 등 위험예방조치를 취한 지점과 그 양자의 위치관계

  5. 가해자가 사고발생의 위험을 느낀 때의 지점과 그 양자의 위치관계

  6. 가해자가 사고방지의 비상조치를 취한 지점과 그 양자의 위치관계

  7. 충돌·추돌·접촉·전도·전복·추락의 지점

  8. 가해자·피해자의 넘어진 지점과 방향

  9. 가해차량의 진로

 10. 목격자의 위치

 11. 스키드마크·요마크 등 타이어 마찰흔적

(6) 가해차량 조사

  1. 차량의 소속 및 등록번호

  2. 명칭 및 연식·형식·용도·사용의 정도

  3. 승차정원·적재량·차량의 제원·적재상태

  4. 운전석의 위치, 전방 시야상태

  5. 제동장치, 조향장치, 경음기, 전조등 그 밖의 자동차의 점검, 고장의 유무와 정도

  6. 충돌부위, 최초의 파손부위 및 손상의 유무와 그 정도

  7. 운행기록이 저장된 영상기록장치의 유무 및 그 내용

  8. 차체에 엷게 묻은 먼지나 흙이 닦였거나 탈락한 경우 등 사고로 인하여 발생한 특별한 현상의 유무

(7) 피해상황 조사

  1. 피해자의 신체 상해여부 및 그 정도와 원인

  2. 피해자의 착의상태 및 소지품 파손상황, 피해자에게 가해차량의 도료 등 부착 유무

  3. 가해·피해 차량의 충돌부위, 파손상태와 정도 및 고장유무

4. 피해자가 사망한 경우 사체의 모양·위치, 수족·두부의 방향

5. 그 밖의 물건의 손상상태

(8) 사진촬영

① 교통조사관은 사고현장을 보존하고 사고원인 조사에 활용하기 위하여 아래사항에 대하여는 반드시 사진촬영을 하여야 한다.

1. 현장의 모양 및 최초 충돌지점, 유류품

2. 차량의 손상 상태

3. 피해상황

4. 전방 좌우에 대한 시야

5. 차량의 모양

6. 스키드마크·요마크

7. 혈액, 도장 및 유리 파편, 자동차부속품 등

② 사고현장은 대상물이 넓게 흩어져 있는 경우가 많으므로 파노라마식 촬영을 하여야 한다.

③ 사고현장에 대한 사진촬영을 할 때에는 사고지점 등 좁은 범위에 그치지 말고 주변의 지리적 상황, 교통안전시설, 좌·우의 시야상황, 그 밖의 특정물을 포함하여 다각적으로 촬영하여야 한다.

④ 사진촬영을 할 때에는 목적물의 방향과 남은 흔적 등에 주의하고, 반드시 그 크기를 파악할 수 있도록 하여야 한다.

⑤ 현장검증조서에 첨부하는 사진은 촬영의 위치, 방향을 도면에 명시하고 촬영자의 계급, 성명을 명기한 후 사진에 계인하여야 한다.

⑥ 현장사진을 촬영하지 않았거나, 촬영 후 현상이 되지 않은 경우에는 교통조사관이 목격한 상태를 그림으로 그려 기록·유지하여야 한다.

(9) 피해자 조사

교통조사관은 목격자 조사 및 현장조사를 마치는 즉시 피해자에 대하여 아래사항을 조사하여야 한다.

1. 피해자의 신분 및 특수한 사정이 있는지 유무

2. 심신장애의 유무

3. 이동경로, 보행자세, 자전거 승차 여부 및 방향

4. 충돌 전 가해차량의 진행을 인식하였는지 여부와 인식하였다면 인식한 위치 및 가해차량과의 위치관계

5. 넘어진 지점, 방향 및 상황

6. 상해의 부분과 그 정도

7. 가해자에 대한 처벌희망 여부

8. 그 밖의 음주 또는 약물복용 여부, 질병유무와 고민 등 정신상태, 사고 직전의 행태 등 참고사항

(10) 가해자 조사

① 교통조사관은 현장조사, 목격자 조사, 가해차량 조사, 피해자 조사를 마친 후 가해자에 대하여 아래 사항을 조사하여야 한다.

1. 운전자의 신분관계, 가족관계, 자산 및 수입관계

2. 운전면허관계, 운전경력 관계

3. 자동차보험 및 공제 가입여부

4. 범죄경력, 교통사고 전력, 교통법규위반, 행정처분의 유무

5. 사고발생 전의 근무, 취업상황

6. 감정, 고민 등 사고당시의 심리상태

7. 질병, 피로, 졸음, 음주, 약물중독 등 사고당시의 신체상태

8. 사고당시 운전한 차량

9. 잡담, 장난, 흡연, 휴대전화 사용 또는 영상장치 시청 등 사고발생 직전의 상황

10. 도로형태, 주변상가 등 현장의 모양

11. 다음 아래사항에 따른 사고발생 상황

　　가. 진로, 속도

　　나. 피해자를 발견한 시기, 위치, 거동, 이에 대한 판단

　　다. 사고원인이 된 제3자의 행동

　　라. 경음기 취명 장소와 횟수, 피해자의 반응, 급제동, 감속한 속도 등

       사고방지 노력 여부

마. 위험을 인식하였을 때의 사고차량 및 피해자의 위치, 상호간의 거리

바. 급정차 및 방향전환 등 비상조치를 취할 때의 사고차량과 피해자의 위치, 상호간의 거리

사. 충돌지점, 충돌부분 및 충돌상황

아. 정차지점·방향 및 차량피해상황

자. 피해자가 넘어진 지점, 방향, 자세

12. 피해자 구호, 경찰관서에 신고 유무 등 사고발생 후 운전자의 조치

13. 운전자가 사고를 인식하지 못한 경우 상당한 주의를 기울였다면 인식할 수 있었는지의 여부 및 인식할 수 있었는데 인식하지 못한 사유

14. 주의의무의 내용과 이를 태만히 한 이유

15. 그 밖의 필요한 사항

② 교통조사관이 교통사고의 가해자 또는 피의자로 주한미군·군속 또는 그 가족을 조사하고자 하는 때에는 미정부 대표자의 출석을 요구하여 대표자가 입회한 후에 조사하여야 한다. 이 경우 주한미군등을 체포하여 조사하는 경우에는 지체 없이 체포사실을 당해 경찰서와 가장 인접한 주한미군 헌병감에게 통고하여야 한다.

제 5 장

경비경찰

1 경비경찰

경비경찰은 비상사태 또는 긴급 중요사태 등이 발생하거나 발생할 우려가 있는 경우 즉, 공공의 안녕과 질서의 위험 또는 위해에 대하여 예방·경계·진압·검거 등 조직적인 경찰활동을 의미한다. 경비경찰은 공공의 안녕과 질서유지를 목적으로 하기 때문에 국가안보나 사회안보에 직접 연결된다[191]. 위험 또는 위해에 대해서는 개인 및 단체적 불법행위 뿐만 아니라 인위적 및 자연적인 혼잡·재해 등을 모두 포함한다.

2 경비경찰의 조직

1) 경비국장

경찰청은 경비국에 국장은 치안감 또는 경무관으로 보하며, 국장은 아래 사항

---

191) 임재강·한태천. (2014). 경찰학원론. 21세기사. 605.

을 분장한다.[192]

   1. 경비에 관한 계획의 수립 및 지도
   2. 경찰부대의 운영·지도 및 감독
   3. 청원경찰의 운영 및 지도
   4. 민방위업무의 협조에 관한 사항
   5. 경찰작전·경찰전시훈련 및 비상계획에 관한 계획의 수립·지도
   6. 중요시설의 방호 및 지도
   7. 예비군의 무기 및 탄약 관리의 지도
   8. 대테러 예방 및 진압대책의 수립·지도
   9. 의무경찰의 복무 및 교육훈련
  10. 의무경찰의 인사 및 정원의 관리
  11. 경호 및 요인보호계획의 수립·지도
  12. 경찰항공기의 관리·운영 및 항공요원의 교육훈련
  13. 경찰업무수행과 관련된 항공지원업무

2) 경비국 각 과장

경비국에 경비과·위기관리센터·경호과 및 항공과를 두며, 각 과장 및 위기관리센터의 장은 총경으로 보한다[193].

(1) 경비과장

   1. 경비에 관한 계획의 수립 및 지도
   2. 경찰기동대 운영의 지도 및 감독
   3. 의무경찰의 모집·선발
   4. 의무경찰의 교육훈련·인사관리 및 정원관리
   5. 의무경찰의 복무 및 기율단속
   6. 의무경찰의 사기·복지 등의 관리에 관한 사항

---

192) 경찰청과 그 소속기관 직제 제13조.
193) 경찰청과 그 소속기관 직제 시행규칙 제10조.

7. 기타 국내 다른 과의 주관에 속하지 아니하는 사항

(2) 위기관리센터의 장

1. 대테러관련 법령의 연구·개정 및 지침 수립
2. 대테러 종합대책 연구·기획 및 지도
3. 테러대책기구 및 대응조직 운영 업무
4. 대테러 종합훈련 및 교육
5. 경찰작전과 경찰 전시훈련에 관한 계획의 수립 및 지도
6. 비상계획에 관한 계획의 수립 및 지도
7. 중요시설의 방호 및 지도
8. 예비군 무기·탄약관리의 지도
9. 청원경찰의 운영지도
10. 민방위업무의 협조에 관한 사항

(3) 경호과장

1. 경호계획의 수립 및 지도
2. 요인의 보호에 관한 사항

(4) 항공과장

1. 경찰항공기의 관리 및 운영
2. 경찰항공요원에 관한 교육훈련
3. 경찰업무수행에 관련된 항공지원업무

3 경비경찰의 특징

경비경찰은 활동 및 조직운영상에 따라 복합 기능적 활동, 현상유지적 활동, 즉응적 활동, 조직적 부대활동, 하향적 명령에 따른 활동, 사회 전반의 안녕목적 활동 등으로 그 특징을 지니고 있다[194].

- 복합 기능적 활동 : 경비경찰은 활동에 있어서 특정한 사태가 발생한 후 진압하는 사후진압적 측면이 있지만, 사태가 발생하기 이전에 위험한 사태에 대하여 피해를 최소화하기 위하여 사전예방적 측면이 중요시 된다. 특히 경비경찰은 특정한 사태에 대하여 예방하고자 정보경찰의 정보수집, 교통경찰의 교통관리 및 지도, 보안경찰의 국가안보 관련 등 타 경찰기능과 유기적인 여계가 중요시 된다.

- 현상유지적 활동 : 경비경찰은 사회의 질서상태를 지금의 현재와 같이 유지하는 것으로 사회 질서와 안녕을 잘 보전하는 것에 가치를 둔다. 현상유지적 활동이라고 하여도 현재보다 더 나은 질서상태를 실현하기 위한 동태적·적극적 의미의 질서유지를 의미한다.

- 즉응적 활동 : 대테러, 다중범죄 등 긴급을 요하므로, 즉시 출동하여 조기에 제압해야 한다. 이는 지진, 홍수 등 자연재해가 발생한 경우에도 마찬가지이다. 따라서 경비사태는 국가적으로 사회적으로 중대한 영향을 주므로 경비경찰에게 있어서 즉응적 활동이 요구된다.

- 조직적 부대활동 : 경비경찰은 경찰 개인적으로 활동하기 보다는 보통 부대단위를 훈련하고 근무를 수행한다. 경비사태가 발생할 경우 조직적이고 집단적으로 물리적인 힘에 대응하는 것을 그 특징으로 하고 있다.

- 하향적 명령에 따른 활동 : 경비경찰은 앞서 살펴본 바와 같이 조직적 부대활동으로 인해, 하향적인 명령에 의하며, 지휘관이 내리는 지시나 명령에 의하여 활동하게 된다.

- 사회 전반의 안녕목적 활동 : 경비경찰의 대상은 공공의 안녕과 질서를 직접적으로 파괴하는 범죄로서, 경비경찰은 공공의 안녕과 질서를 해하는 위험이나 경찰명령에 위반하는 사태를 제거하는 것이다.

---

194) 최선우. (2017). 경찰학. 그린출판사. 617~672.

4 경비경찰활동의 원칙

경비경찰활동의 원칙

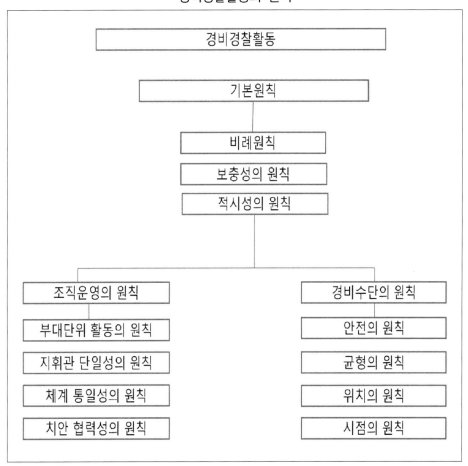

출처 : 김형중·김양현·정의롬·조상현. 2020. 경찰학각론. 청목출판사. 246

1) 경비경찰의 기본원칙

경비경찰활동에 있어서 기본원칙은 적시성의 원칙, 보충성의 원칙, 비례성의 원칙 등이 있다.

적시성의 원칙은 경비사태의 상황에 따라서 경비경찰의 개입의 조건을 고려하여 가장 적합한 시기에 발동되어야 한다.

보충성의 원칙은 경비경찰은 공공의 안녕과 질서를 유지하기 위한 활동으로, 다른 수단 및 방법 등 통제가 불가능 할 때 최후의 수단으로 사용하여야 한다.

비례성의 원칙은 공공의 안녕·질서 유지를 위한 경찰의 질서권 발동의 조건과 그 정도는 필요 회소한도 내에서 행사되어야 한다.

2) 경비경찰의 조직운영 원칙

경비경찰의 조직운영 원칙은 부대단위 활동의 원칙, 지휘관 단일성의 원칙, 체계 통일성의 원칙, 치안 협력성의 원칙 등이 있다.

부대단위 활동의 원칙은 경비경찰은 부대단위로 운영되며 활동한다는 것이다. 부대단위는 개인으로 구성된 집단이 지휘관의 지휘를 받는 상하조직을 의미한다[195]. 따라서 부대의 관리와 임무에 대한 최종 결정권자는 지휘관이며, 부대의 성패도 지휘관에 따라 크게 좌우될 수 있다.

지휘관 단일성의 원칙은 명령은 한 사람에게 의해서 행하여야 하며, 보고도 한 사람을 통해서 이루어져야 한다는 명령통일의 원칙에서 도출된 것으로, 경비경찰의 업무는 긴급성과 신속성을 요하는 경우가 발생함으로, 경비경찰의 효율적인 업무 수행을 위하여 지휘관을 한 사람만 두어야 한다는 원칙이다.

체계 통일성의 원칙은 경비경찰의 조직은 부대단위로 조직되어 조직의 상하계급 간에 일정한 관계가 형성되어 그 책임과 임무가 명확히 이루어져 있다. 따라서 명령과 복종의 체계가 통일되어야 한다. 또한 경비경찰의 조직이 추구하는 목적은 조직의 모든 단위나 체계에 일관되게 작용되어야 한다.

치안 협력성의 원칙은 경비사태에 대해서 경비경찰이 모든 것을 대처할 수 없기에 국민들과 협력을 통하여 사태를 원활히 해결해야 한다. 국민과의 협력은 경비경찰의 목적을 달성하기에 효과적이다.

---

195) 최선우. (2017). 경찰학. 그린출판사. 672.

3) 경비수단의 원칙

경비수단의 원칙은 안전의 원칙, 균형의 원칙, 위치의 원칙, 시점의 원칙 등이 있다.

안전의 원칙은 경비사태 발생 시 군중들 뿐만 아니라 경비를 맡은 경찰력 역시 사고없이 안전하게 진압해야 한다는 원칙이다.

균형의 원칙은 경비사태에 대해 경비수단으로 경비경찰을 동원할 때에는 경력운영을 균형있게 하여야 한다는 원칙이다. 경비사태의 상황에 따라 주력부대와 예비부대를 적절하게 활용함으로써 한정된 경찰력으로 최대의 성과를 달성 할 수 있어야 한다.

위치의 원칙은 경비사태 발생 시 실력을 행사하는 경우에는 유리한 지점과 위치를 확보하여 작전 수행이나 진압을 용이하게 하여야 한다.

시점의 원칙은 경비사태 발생 시 상대방의 기세와 힘이 가장 허약한 시점을 포착하여 경찰력을 통한 실력을 행사하여야 한다.

5 집회 및 시위에 관한 법률

1) 정의 196)

① "옥외집회"란 천장이 없거나 사방이 폐쇄되지 아니한 장소에서 여는 집회를 말한다.
② "시위"란 여러 사람이 공동의 목적을 가지고 도로, 광장, 공원 등 일반인이 자유로이 통행할 수 있는 장소를 행진하거나 위력(威力) 또는 기세(氣勢)를 보여, 불특정한 여러 사람의 의견에 영향을 주거나 제압(制壓)을 가하는 행위를 말한다.
③ "주최자(主催者)"란 자기 이름으로 자기 책임 아래 집회나 시위를 여는 사람이나 단체를 말한다. 주최자는 주관자(主管者)를 따로 두어 집회 또는 시

---

196) 집회 및 시위에 관한 법률 제2조.

위의 실행을 맡아 관리하도록 위임할 수 있다. 이 경우 주관자는 그 위임의 범위 안에서 주최자로 본다.

④ "질서유지인"이란 주최자가 자신을 보좌하여 집회 또는 시위의 질서를 유지하게 할 목적으로 임명한 자를 말한다.

⑤ "질서유지선"이란 관할 경찰서장이나 지방경찰청장이 적법한 집회 및 시위를 보호하고 질서유지나 원활한 교통 소통을 위하여 집회 또는 시위의 장소나 행진 구간을 일정하게 구획하여 설정한 띠, 방책(防柵), 차선(車線) 등의 경계 표지(標識)를 말한다.

⑥ "경찰관서"란 국가경찰관서를 말한다.

2) 집회 및 시위에 대한 방해 금지[197]

① 누구든지 폭행, 협박, 그 밖의 방법으로 평화적인 집회 또는 시위를 방해하거나 질서를 문란하게 하여서는 아니 된다.

② 누구든지 폭행, 협박, 그 밖의 방법으로 집회 또는 시위의 주최자나 질서유지인의 이 법의 규정에 따른 임무 수행을 방해하여서는 아니 된다.

③ 집회 또는 시위의 주최자는 평화적인 집회 또는 시위가 방해받을 염려가 있다고 인정되면 관할 경찰관서에 그 사실을 알려 보호를 요청할 수 있다. 이 경우 관할 경찰관서의 장은 정당한 사유 없이 보호 요청을 거절하여서는 아니 된다.

3) 특정인 참가의 배제[198]

집회 또는 시위의 주최자 및 질서유지인은 특정한 사람이나 단체가 집회나 시위에 참가하는 것을 막을 수 있다. 다만, 언론사의 기자는 출입이 보장되어야 하며, 이 경우 기자는 신분증을 제시하고 기자임을 표시한 완장(腕章)을 착용하여야 한다.

---

197) 집회 및 시위에 관한 법률 제3조.
198) 집회 및 시위에 관한 법률 제4조.

4) 집회 및 시위의 금지[199]

① 누구든지 아래 사항 중 어느 하나에 해당하는 집회나 시위를 주최하여서는 아니 된다.

    1. 헌법재판소의 결정에 따라 해산된 정당의 목적을 달성하기 위한 집회 또는 시위

    2. 집단적인 폭행, 협박, 손괴(損壞), 방화 등으로 공공의 안녕 질서에 직접 적인 위협을 끼칠 것이 명백한 집회 또는 시위

② 누구든지 금지된 집회 또는 시위를 할 것을 선전하거나 선동하여서는 아니 된다.

5) 옥외집회 및 신고 등[200]

① 옥외집회나 시위를 주최하려는 자는 그에 관한 아래 사항 모두를 적은 신고서를 옥외집회나 시위를 시작하기 720시간 전부터 48시간 전에 관할 경찰서장에게 제출하여야 한다. 다만, 옥외집회 또는 시위 장소가 두 곳 이상의 경찰서의 관할에 속하는 경우에는 관할 지방경찰청장에게 제출하여야 하고, 두 곳 이상의 지방경찰청 관할에 속하는 경우에는 주최지를 관할하는 지방경찰청장에게 제출하여야 한다.

    1. 목적

    2. 일시(필요한 시간을 포함한다)

    3. 장소

    4. 주최자(단체인 경우에는 그 대표자 포함), 연락책임자, 질서유지인에 관한 아래의 사항

        가. 주소

        나. 성명

        다. 직업

---

199) 집회 및 시위에 관한 법률 제5조.
200) 집회 및 시위에 관한 법률 제6조.

　　　　라. 연락처

　　5. 참가 예정인 단체와 인원

　　6. 시위의 경우 그 방법(진로와 약도 포함)

② 관할 경찰서장 또는 지방경찰청장은 신고서를 접수하면 신고자에게 접수 일시를 적은 접수증을 즉시 내주어야 한다.

③ 주최자는 신고한 옥외집회 또는 시위를 하지 아니하게 된 경우에는 신고서에 적힌 집회 일시 24시간 전에 그 철회사유 등을 적은 철회신고서를 관할 경찰관서장에게 제출하여야 한다.

④ 철회신고서를 받은 관할경찰관서장은 금지 통고를 한 집회나 시위가 있는 경우에는 그 금지 통고를 받은 주최자에게 사실을 즉시 알려야 한다.

⑤ 통지를 받은 주최자는 그 금지 통고된 집회 또는 시위를 최초에 신고한 대로 개최할 수 있다. 다만, 금지 통고 등으로 시기를 놓친 경우에는 일시를 새로 정하여 집회 또는 시위를 시작하기 24시간 전에 관할경찰관서장에게 신고서를 제출하고 집회 또는 시위를 개최할 수 있다.

- **시위의 방법**[201]
　　1. 시위의 대형
　　2. 차량, 확성기, 입간판, 그 밖에 주장을 표시한 시설물의 이용 여부와 그 수
　　3. 구호 제창의 여부
　　4. 진로(출발지, 경유지, 중간 행사지, 도착지 등)
　　5. 약도(시위행진의 진행방향을 도면으로 표시한 것)
　　6. 차도·보도·교차로의 통행방법
　　7. 그 밖에 시위방법과 관련되는 사항

6) 집회 및 시위의 금지 통고에 대한 이의 신청 등[202]

① 집회 또는 시위의 주최자는 금지 통고를 받은 날부터 10일 이내에 해당 경

---

201) 집회 및 시위에 관한 법률 시행령 제2조.
202) 집회 및 시위에 관한 법률 제9조.

찰관서의 바로 위의 상급경찰관서의 장에게 이의를 신청할 수 있다.

② 이의 신청을 받은 경찰관서의 장은 접수 일시를 적은 접수증을 이의 신청인에게 즉시 내주고 접수한 때부터 24시간 이내에 재결(裁決)을 하여야 한다. 이 경우 접수한 때부터 24시간 이내에 재결서를 발송하지 아니하면 관할경찰관서장의 금지 통고는 소급하여 그 효력을 잃는다.

③ 이의 신청인은 금지 통고가 위법하거나 부당한 것으로 재결되거나 그 효력을 잃게 된 경우 처음 신고한 대로 집회 또는 시위를 개최할 수 있다. 다만, 금지 통고 등으로 시기를 놓친 경우에는 일시를 새로 정하여 집회 또는 시위를 시작하기 24시간 전에 관할경찰관서장에게 신고함으로써 집회 또는 시위를 개최할 수 있다.

7) 옥외집회와 시위의 금지 시간[203)

누구든지 해가 뜨기 전이나 해가 진 후에는 옥외집회 또는 시위를 하여서는 아니 된다. 다만, 집회의 성격상 부득이하여 주최자가 질서유지인을 두고 미리 신고한 경우에는 관할경찰관서장은 질서 유지를 위한 조건을 붙여 해가 뜨기 전이나 해가 진 후에도 옥외집회를 허용할 수 있다.

8) 옥외집회와 시위의 금지 장소[204)

누구든지 아래 사항 중 어느 하나에 해당하는 청사 또는 저택의 경계 지점으로부터 100 미터 이내의 장소에서는 옥외집회 또는 시위를 하여서는 아니 된다.

1. 국회의사당. 다만, 다음 각 목의 어느 하나에 해당하는 경우로서 국회의 기능이나 안녕을 침해할 우려가 없다고 인정되는 때에는 그러하지 아니하다.

   가. 국회의 활동을 방해할 우려가 없는 경우

   나. 대규모 집회 또는 시위로 확산될 우려가 없는 경우

2. 각급 법원, 헌법재판소. 다만, 다음 각 목의 어느 하나에 해당하는 경우로

---

203) 집회 및 시위에 관한 법률 제10조.
204) 집회 및 시위에 관한 법률 제11조.

서 각급 법원, 헌법재판소의 기능이나 안녕을 침해할 우려가 없다고 인정되는 때에는 그러하지 아니하다.

　가. 법관이나 재판관의 직무상 독립이나 구체적 사건의 재판에 영향을 미칠 우려가 없는 경우

　나. 대규모 집회 또는 시위로 확산될 우려가 없는 경우

3. 대통령 관저(官邸), 국회의장 공관, 대법원장 공관, 헌법재판소장 공관

4. 국무총리 공관. 다만, 다음 각 목의 어느 하나에 해당하는 경우로서 국무총리 공관의 기능이나 안녕을 침해할 우려가 없다고 인정되는 때에는 그러하지 아니하다.

　가. 국무총리를 대상으로 하지 아니하는 경우

　나. 대규모 집회 또는 시위로 확산될 우려가 없는 경우

5. 국내 주재 외국의 외교기관이나 외교사절의 숙소. 다만, 다음 각 목의 어느 하나에 해당하는 경우로서 외교기관 또는 외교사절 숙소의 기능이나 안녕을 침해할 우려가 없다고 인정되는 때에는 그러하지 아니하다.

　가. 해당 외교기관 또는 외교사절의 숙소를 대상으로 하지 아니하는 경우

　나. 대규모 집회 또는 시위로 확산될 우려가 없는 경우

　다. 외교기관의 업무가 없는 휴일에 개최하는 경우

9) 집회 또는 시위의 해산[205]

① 관할경찰관서장은 아래 사항 중 어느 하나에 해당하는 집회 또는 시위에 대하여는 상당한 시간 이내에 자진(自進) 해산할 것을 요청하고 이에 따르지 아니하면 해산(解散)을 명할 수 있다.

　1. 위반한 집회 또는 시위

　2. 신고를 하지 아니하거나 금지된 집회 또는 시위

　3. 제한, 조건을 위반하여 교통 소통 등 질서 유지에 직접적인 위험을 명백하게 초래한 집회 또는 시위

　4. 종결 선언을 한 집회 또는 시위

---

205) 집회 및 시위에 관한 법률 제20조.

5. 질서를 유지할 수 없는 집회 또는 시위

② 집회 또는 시위가 제1항에 따른 해산 명령을 받았을 때에는 모든 참가자는 지체 없이 해산하여야 한다.

6 통합방위법

1) 정의[206)]

1. "통합방위"란 적의 침투·도발이나 그 위협에 대응하기 위하여 각종 국가방위요소를 통합하고 지휘체계를 일원화하여 국가를 방위하는 것을 말한다.

2. "국가방위요소"란 통합방위작전의 수행에 필요한 아래 사항의 방위전력(防衛戰力) 또는 그 지원 요소를 말한다.

　가. 국군

　나. 경찰청·해양경찰청 및 그 소속 기관과 자치경찰기구

　다. 국가기관 및 지방자치단체(가와 나의 경우는 제외)

　라. 예비군

　마. 민방위대

　바. 통합방위협의회를 두는 직장

3. "통합방위사태"란 적의 침투·도발이나 그 위협에 대응하여 선포하는 단계별 사태를 말한다.

4. "통합방위작전"이란 통합방위사태가 선포된 지역에서 통합방위본부장, 지역군사령관, 함대사령관 또는 지방경찰청장이 국가방위요소를 통합하여 지휘·통제하는 방위작전을 말한다.

5. "지역군사령관"이란 통합방위작전 관할구역에 있는 군부대의 여단장급(旅團長級) 이상 지휘관 중에서 통합방위본부장이 정하는 사람을 말한다.

6. "갑종사태"란 일정한 조직체계를 갖춘 적의 대규모 병력 침투 또는 대량살상무기(大量殺傷武器) 공격 등의 도발로 발생한 비상사태로서 통합방위본부

---

206) 통합방위법 제2조.

장 또는 지역군사령관의 지휘·통제 하에 통합방위작전을 수행하여야 할 사태를 말한다.

7. "을종사태"란 일부 또는 여러 지역에서 적이 침투·도발하여 단기간 내에 치안이 회복되기 어려워 지역군사령관의 지휘·통제 하에 통합방위작전을 수행하여야 할 사태를 말한다.

8. "병종사태"란 적의 침투·도발 위협이 예상되거나 소규모의 적이 침투하였을 때에 지방경찰청장, 지역군사령관 또는 함대사령관의 지휘·통제 하에 통합방위작전을 수행하여 단기간 내에 치안이 회복될 수 있는 사태를 말한다.

9. "침투"란 적이 특정 임무를 수행하기 위하여 대한민국 영역을 침범한 상태를 말한다.

10. "도발"이란 적이 특정 임무를 수행하기 위하여 대한민국 국민 또는 영역에 위해(危害)를 가하는 모든 행위를 말한다.

11. "위협"이란 대한민국을 침투·도발할 것으로 예상되는 적의 침투·도발 능력과 기도(企圖)가 드러난 상태를 말한다.

12. "방호"란 적의 각종 도발과 위협으로부터 인원·시설 및 장비의 피해를 방지하고 모든 기능을 정상적으로 유지할 수 있도록 보호하는 작전 활동을 말한다.

13. "국가중요시설"이란 공공기관, 공항·항만, 주요 산업시설 등 적에 의하여 점령 또는 파괴되거나 기능이 마비될 경우 국가안보와 국민생활에 심각한 영향을 주게 되는 시설을 말한다.

2) 통합방위작전[207]

① 통합방위작전의 관할구역

1. 지상 관할구역: 특정경비지역, 군관할지역 및 경찰관할지역
2. 해상 관할구역: 특정경비해역 및 일반경비해역
3. 공중 관할구역: 비행금지공역(空域) 및 일반공역

---

207) 통합방위법 제15조.

② 지방경찰청장, 지역군사령관 또는 함대사령관은 통합방위사태가 선포된 때에는 즉시 아래 사항의 구분에 따라 통합방위작전(공군작전사령관의 경우에는 통합방위 지원작전)을 신속하게 수행하여야 한다. 다만, 을종사태가 선포된 경우에는 지역군사령관이 통합방위작전을 수행하고, 갑종사태가 선포된 경우에는 통합방위본부장 또는 지역군사령관이 통합방위작전을 수행한다.

1. 경찰관할지역: 지방경찰청장
2. 특정경비지역 및 군관할지역: 지역군사령관
3. 특정경비해역 및 일반경비해역: 함대사령관
4. 비행금지공역 및 일반공역: 공군작전사령관

③ 통합방위사태가 선포된 때에는 해당 지역의 모든 국가방위요소는 대통령령으로 정하는 바에 따라 통합방위작전을 효율적으로 수행하기 위하여 필요한 지휘·협조체계를 구축하여야 한다.

④ 통합방위작전 관할구역의 세부 범위 및 통합방위작전의 시행 등에 필요한 사항은 실무위원회의 심의를 거쳐 통합방위본부장이 정한다.

⑤ 통합방위작전의 임무를 수행하는 사람은 그 작전지역에서 대통령령으로 정하는 바에 따라 임무 수행에 필요한 검문을 할 수 있다.

7 경찰 비상업무 규칙

1) 정의[208]

1. "비상상황"이라 함은 대간첩·테러, 대규모 재난 등의 긴급 상황이 발생하거나 발생할 우려가 있는 경우 또는 다수의 경력을 동원해야 할 치안수요가 발생하여 치안활동을 강화할 필요가 있는 때를 말한다.
2. "지휘선상 위치 근무"라 함은 비상연락체계를 유지하며 유사시 1시간 이내에 현장지휘 및 현장근무가 가능한 장소에 위치하는 것을 말한다.
3. "정위치 근무"라 함은 감독순시·현장근무 및 사무실 대기 등 관할구역 내

---

208) 경찰 비상업무 규칙 제2조.

에 위치하는 것을 말한다.

4. "정착근무"라 함은 사무실 또는 상황과 관련된 현장에 위치하는 것을 말한다.

5. "필수요원"이라 함은 전 경찰관 및 일반직공무원(이하 "경찰관 등"이라 한다) 중 경찰기관의 장이 지정한 자로 비상소집시 1시간 이내에 응소하여야 할 자를 말한다.

6. "일반요원"이라 함은 필수요원을 제외한 경찰관 등으로 비상소집시 2시간 이내에 응소하여야 할 자를 말한다.

7. "가용경력"이라 함은 총원에서 휴가·출장·교육·파견 등을 제외하고 실제 동원될 수 있는 모든 인원을 말한다.

8. "소집관"이라 함은 비상근무발령권자로부터 권한을 위임받아 비상근무발령에 따른 비상소집을 지휘·감독하는 주무참모 또는 상황관리관(치안상황실장)을 말한다.

9. "작전준비태세"라 함은 '경계강화'단계를 발령하기 이전에 별도의 경력동원 없이 경찰작전부대의 출동태세 점검, 지휘관 및 참모의 비상연락망 구축 및 신속한 응소체제를 유지하며, 작전상황반을 운영하는 등 필요한 작전사항을 미리 조치하는 것을 말한다.

2) 근무방침[209]

① 비상근무는 비상상황 하에서 업무수행의 효율화를 도모하기 위해서 발령한다.

② 비상근무 대상은 경비, 작전, 정보(보안), 수사, 교통 업무 중 비상상황에 국한한다. 다만, 2개 이상의 기능에 관련되는 상황에 대하여는 경비비상으로 통합 단일화하여 실시한다.

③ 적용지역은 전국 또는 일정지역(지방경찰청 및 경찰서 관할)으로 구분한다. 다만, 2개 이상의 지역에 관련되는 상황은 차상급 기관에서 주관하여 실시한다.

---

209) 경찰 비상업무 규칙 제3조.

3) 비상근무의 종류 및 등급[210]

① 비상근무는 그 상황의 유형에 따라 다음과 같이 구분하여 발령한다.
   1. 경비 소관 : 경비, 작전비상
   2. 정보(보안) 소관 : 정보비상
   3. 수사 소관 : 수사비상
   4. 교통 소관 : 교통비상
② 기능별 상황의 긴급성 및 중요도에 따라 비상등급을 다음과 같이 구분하여 실시한다.
   1. 갑호 비상
   2. 을호 비상
   3. 병호 비상
   4. 경계 강화
   5. 작전준비태세(작전비상시 적용)

• 비상근무의 종류별 정황[211]

경비비상	
갑호	1. 계엄이 선포되기 전의 치안상태 2. 대규모 집단사태·테러·재난 등의 발생으로 치안질서가 극도로 혼란하게 되었거나 그 징후가 현저한 경우 3. 국제행사·기념일 등을 전후하여 치안수요의 급증으로 가용경력을 100% 동원할 필요가 있는 경우
을호	1. 대규모 집단사태·테러·재난 등의 발생으로 치안질서가 혼란하게 되었거나 그 징후가 예견되는 경우 2. 국제행사·기념일 등을 전후하여 치안수요가 증가하여 가용경력의 50%를 동원할 필요가 있는 경우
병호	1. 집단사태·테러·재난 등의 발생으로 치안질서의 혼란이 예견되는 경우 2. 국제행사·기념일 등을 전후하여 치안수요가 증가하여 가용경력의 30%를 동원할

---

210) 경찰 비상업무 규칙 제4조.
211) 경찰 비상업무 규칙 별표1.

	필요가 있는 경우
작전비상	
갑호	대규모 적정이 발생하였거나 발생 징후가 현저한 경우
을호	적정이 발생하였거나 일부 적의 침투가 예상되는 경우
병호	정·첩보에 의해 적 침투에 대비한 고도의 경계강화가 필요한 경우
정보비상	
갑호	간첩 또는 정보사범 색출을 위한 경계지역 내 검문검색 필요시
을호	상기 상황하에서 특정지역·요지에 대한 검문검색 필요시
수사비상	
갑호	사회이목을 집중시킬만한 중대범죄 발생시
을호	중요범죄 사건발생시
교통비상	
갑호	농무, 풍수설해 및 화재로 극도의 교통혼란 및 사고발생시
을호	상기 징후가 예상될 시
경계강화 (기능 공통)	
"병호" 비상보다는 낮은 단계로, 별도의 경력동원없이 평상시보다 치안활동을 강화할 필요가 있을 때	
작전준비태세 (작전비상시 적용)	
"경계강화"를 발령하기 이전에 별도의 경력동원 없이 필요한 작전사항을 미리 조치할 필요가 있을 때	

4) 발령[212]

1. 전국 또는 2개 이상 지방경찰청 관할지역 : 경찰청장
2. 지방경찰청 또는 2개 이상 경찰서 관할지역 : 지방경찰청장
3. 단일 경찰서 관할지역 : 경찰서장

---

212) 경찰 비상업무 규칙 제5조.

5) 근무요령213)

① 비상근무 발령권자는 비상상황을 판단하여 비상근무를 실시한다.

   1. 갑호 비상

      가. 비상근무 갑호가 발령된 때에는 연가를 중지하고 가용경력 100%까지 동원할 수 있다.

      나. 지휘관(지구대장, 파출소장은 지휘관에 준한다. 이하 같다)과 참모는 정착 근무를 원칙으로 한다.

   2. 을호 비상

      가. 비상근무 을호가 발령된 때에는 연가를 중지하고 가용경력 50%까지 동원할 수 있다.

      나. 지휘관과 참모는 정위치 근무를 원칙으로 한다.

   3. 병호 비상

      가. 비상근무 병호가 발령된 때에는 부득이한 경우를 제외하고는 연가를 억제하고 가용경력 30%까지 동원할 수 있다.

      나. 지휘관과 참모는 정위치 근무 또는 지휘선상 위치 근무를 원칙으로 한다.

   4. 경계 강화

      가. 별도의 경력동원 없이 특정분야의 근무를 강화한다.

      나. 전 경찰관은 비상연락체계를 유지하고 경찰작전부대는 상황발생시 즉각 출동이 가능하도록 출동대기태세를 유지한다.

      다. 지휘관과 참모는 지휘선상 위치 근무를 원칙으로 한다.

   5. 작전준비태세(작전비상시 적용)

      가. 별도의 경력동원 없이 경찰관서 지휘관 및 참모의 비상연락망을 구축하고 신속한 응소체제를 유지한다.

      나. 경찰작전부대는 상황발생시 즉각 출동이 가능하도록 출동태세 점검을 실시한다.

      다. 유관기관과의 긴밀한 연락체계를 유지하고, 필요시 작전상황반을

213) 경찰 비상업무 규칙 제7조.

유지한다.

② 비상근무발령권자는 비상근무에 동원된 경찰관 등을 비상근무의 목적과 인원 등을 감안하여 현장배치, 대기근무 등으로 편성하여 운용한다.

③ 비상근무가 장기간 유지될 경우에는 비상근무의 목적과 기간 등을 종합적으로 판단하여 지휘관과 참모 및 동원경찰관은 기본근무 복귀 또는 귀가하여 비상연락체제를 갖추도록 할 수 있다.

④ 비상등급별로 연가를 중지 또는 억제하되 경조사 휴가, 공가, 병가, 출산휴가 등 특별한 사유가 있는 경우에는 그러하지 아니하다.

8 경찰 재난관리 규칙

1) 재난관리 업무분담[214)

1. 경비국

가. 재난관리 업무총괄

1) 자연재난 분야

2) 인적재난(교통사고 제외), 그 밖의 재난분야 중 다른 부서에서 담당하지 않는 분야

3) 국가기반체계 마비 분야 중 다른 부서에서 담당하지 않는 분야

나. 재난대책본부 및 재난상황실 운영

다. 대민지원 조정, 통제

라. 재난관리부대 교육훈련

마. 재난관리를 위한 경력운용 및 가용장비 운용

2. 기획조정관

가. 재난 관련 부서 정원 확보

나. 경찰관서 피해복구비 산정

---

214) 경찰 재난관리 규칙 제4조.

다. 재난 관련 국회 업무 협조

3. 경무인사기획관

　가. 재난 관련 경찰관 안전사고 예방 및 사고시 업무처리
　나. 재난지역 경찰 장비, 물자, 수송지원 등 대민지원 업무
　다. 경찰관서 피해복구 업무 및 자체 경비

4. 생활안전국

　가. 재난취약지역 및 국가핵심기반시설 예방순찰
　나. 재난지역 주민대피 지원
　다. 재난지역 현금다액취급업소 등 범죄예방
　라. 재난지역 총포·화약류 안전관리 강화

5. 수사국

　가. 재난지역 강·절도 등 형사활동
　나. 재난원인에 대한 수사활동

6. 정보국

　가. 재난지역 주민 집단민원 등 정보활동

7. 보안국

　가. 재난지역 안보위해요소 점검 등 보안활동

8. 외사국

　가. 재난지역 체류외국인 관련 치안활동

9. 대변인

　가. 재난복구, 사고수습, 대민지원 활동 등 대국민 홍보
　나. 온·오프라인 이슈(허위·왜곡 사실, 유언비어) 모니터링

10. 감사관

　가. 재난지역 경찰관 자체사고 예방

11. **정보화장비정책관**

　가. 국가적 정보통신 피해발생시 긴급통신망 복구지원

　나. 재난지역 통신장비 설치·운영

12. **교통국**

　가. 재난지역 교통통제 및 긴급차량 출동로 확보

　나. 재난지역 교통안전시설 관리

　다. 재난지역 교통정보 홍보활동

　라. 인적재난 중 교통사고 분야

13. **사이버안전국**

　가. 인터넷상 유언비어에 대한 수사활동

14. **과학수사관리관**

　가. 사상자 신원확인

2) 재난대책본부[215]

(1) 재난대책본부의 설치

재난 중 인명 또는 재산의 피해정도가 매우 크거나 사회적, 경제적으로 광범위한 영향이 있는 재난이 발생하였거나 발생할 우려가 있을 때에 경찰의 재난관리 업무를 총괄 조정하고 긴급재난대책, 피해 조사 및 복구에 관하여 필요한 심의, 조정, 정책결정 등의 조치를 하기 위하여 경찰청장 소속하에 재난대책본부를 둔다.

(2) 재난대책본부의 구성

① 재난대책본부장은 경비국장으로 하며, 위원은 혁신기획조정담당관, 경무담당관, 범죄예방정책과장, 수사기획과장, 경비과장, 정보1과장, 보안1과장, 외사기획과장, 홍보담당관, 감사담당관, 정보화장비기획담당관, 교통기획과장, 사이버안전과장, 과학수사담당관이 된다.

---

215) 경찰 재난관리 규칙 제5조~제8조.

② 재난대책본부에는 간사 1인을 두되 위기관리센터장이 된다.

③ 재난대책본부장이 궐위(闕位)되거나 부득이한 사유로 직무수행을 할 수 없는 때에는 간사가 그 직무를 대행한다.

(3) 재난대책본부의 기능

1. 재난관리 업무의 총괄 조정 및 중요 정책사항 심의·결정
2. 경찰관서 방재·피해복구 계획 조정 및 통제
3. 특별재난지역에 대한 경찰의 주요 지원사항 심의·결정
4. 그 밖에 재난관리 관련 경찰청장 지시사항 이행

(4) 재난대책본부장의 임무 등

① 재난대책본부장은 재난대책본부의 업무를 총괄하고 재난대책본부를 대표한다.

② 재난대책본부장은 재난대책본부회의를 소집할 수 있다.

③ 재난대책본부장은 재난관리 업무에 관한 전반적인 지휘통제 권한을 보유하며, 재난상황실 근무명령, 재난예방·대비·대응·복구조치 및 대민지원을 지시할 수 있다.

④ 재난대책본부장은 경찰재난관리 정책 설명, 주요 사업추진, 재난대비태세 확립 등을 위하여 필요시 관련 국·관 및 관계기관 공무원을 재난대책본부회의에 참석하게 할 수 있다.

⑤ 간사는 재난대책본부장의 명을 받아 재난대책본부의 사무를 처리한다.

3) 재난상황실[216]

(1) 재난상황실의 설치

① 재난이 발생하였거나 재난이 발생할 우려가 있을 때 경비국장은 위기관리센터에 재난상황실을 설치·운영할 수 있다.

---

216) 경찰 재난관리 규칙 제12조~15조.

② 재난의 발생 가능 정도에 따라 재난관리 단계를 4단계로 구분하여 관리하며, 심각단계에는 반드시 재난상황실을 설치·운영한다. 다만, 그 밖의 단계에는 경비국장이 필요하다고 판단한 경우에 설치·운영할 수 있다.

1. "관심단계"는 일부지역 기상특보 발령 등 재난발생 징후와 관련된 현상이 나타나고 있으나 그 활동수준이 낮아서 재난으로 발전할 가능성이 적은 상태를 말한다.

2. "주의단계"는 전국적 기상특보 발령 등 재난발생 징후의 활동이 비교적 활발하여 재난으로 발전할 수 있는 일정수준의 경향이 나타나는 상태를 말한다.

3. "경계단계"는 전국적 기상특보 발령 등 재난발생 징후의 활동이 활발하여 재난으로 발전할 가능성이 농후한 상태를 말한다.

4. "심각단계"는 재난이 발생하였거나 재난의 발생이 확실시되는 상태를 말한다.

(2) 재난상황실의 구성

① 재난상황실에는 상황실장 1명을 두되 위기관리센터장으로 하며, 재난상황실 운영기간이 장기간 계속될 경우 경찰청장이 지정하는 경찰청 소속 과장급 직원이 순환하며 근무할 수 있다.

② 재난상황실 근무자는 위기관리센터 소속 직원으로 구성하되, 필요시 경비국장은 관련 국·관 및 지방청 소속 직원을 지원받아 제3항과 같이 근무반을 편성할 수 있으며, 이 경우 재난상황실은 치안상황실에 설치한다.

③ 편성한 근무반의 근무방법과 임무는 아래와 같고, 근무반 편성 지원요청을 받은 부서의 장은 즉시 필요한 인원을 지원하여야 한다.

1. 총괄반 : 위기관리센터 소속 직원이 순환근무하면서 재난대책본부 회의 자료 작성, 상황보고서 작성 및 대외기관 업무 협조 등을 담당한다.

2. 대책반 : 재난유형에 따라 소관 국·관별 직원이 순환근무하면서 재난상황분석 및 유지, 국가적 재난시 대민지원 및 긴급구조 지원 조정·통제 업무 등을 담당한다.

3. 지원반 : 기획조정관, 경무인사기획관, 정보화장비정책관 소속 직원이

순환근무하면서 재난대책의 원활한 조치를 위한 인사, 장비, 예산 지원 업무를 담당한다.

4. 홍보반 : 대변인 소속 직원이 순환근무하면서 재난대책 홍보업무를 담당한다.

5. 연락반 : 중앙재난안전대책본부 및 기타 재난 관련 유관기관에 관할 지방경찰청 소속 직원을 파견하여 기관간 업무협조 및 연락업무를 담당한다.

④ 재난상황실 근무반에 지원명령을 받은 자는 재난상황실장이 지정하는 시간과 장소에서 부여받은 임무를 수행하여야 한다.

(3) 재난상황실의 기능

1. 재난에 대한 예방·대비·대응·복구 및 지원
2. 재난발생시 피해 및 복구현황 파악보고
3. 중앙재난안전대책본부, 중앙사고수습본부, 중앙긴급구조통제단 등 재난 관련 유관기관과의 협조체제 유지
4. 재난 관련 기상자료 수집 및 비상연락망 유지
5. 재난대책본부 결정사항 집행
6. 그 밖에 재난 관련 업무

(4) 상황보고

① 지방청장 등은 재난상황보고서를 작성하여 아래의 방법에 의하여 경찰청장에게 보고하여야 한다.

1. 수시보고 : 주요 재난상황에 대하여 최초·중간·최종보고로 구분하여 보고하되, 상황변동에 따라 실시간 수시보고
2. 정기보고 : 정기보고는 재난상황실 개설일부터 종료일까지 매일 2회 보고(1차 오전 4시 기준으로 작성하여 오전 5시까지 보고, 2차 오후 4시 기준으로 작성하여 오후 5시까지 보고)

② 보고는 전자문서 활용을 원칙으로 하며, 긴급을 요하는 경우에는 전언통신문 등 가능한 통신수단을 병행하여 사용할 수 있다.

4) 재난예방·대비·대응·복구[217]

(1) 재난예방·대비 및 교육훈련

① 지방청장 등은 관할 지방자치단체 등과 협조하여 매년 태풍, 집중호우, 대설 등 재난으로 인한 취약지역 및 시설물을 선정하여 순찰을 강화하는 등 재난예방 및 대비 대책을 수립 시행하여야 하며, 특히 경찰관서의 피해가 없도록 예방에 만전을 기해야 한다.

② 홍수 및 적설로 인해 고립이 예상되는 경찰관서가 있는 지방청장 등은 재난에 대비하여 소요되는 물자를 사전에 비축한다.

③ 재난발생시 긴급조치를 위한 비상 및 예비 통신수단을 강구한다.

④ 위험시설 및 공작물은 관할 지방자치단체 등의 협조를 받아 철거 또는 이전하여 재난으로부터 인명 및 시설을 보호한다.

⑤ 지방청장 등은 매년 재난관리부대는 연 40시간 이상, 외근경찰관(교통외근, 지역경찰)은 연 3시간 이상의 재난대비 교육 및 훈련계획을 수립·시행하여야 한다.

(2) 재난대응

① 지방청장 등은 관할구역 안에서 재난이 발생하거나 발생할 우려가 있을 때에는 지체 없이 아래 사항과 같은 조치를 취하여야 한다.
1. 현장 접근통제 및 우회로 확보
2. 교통관리 및 치안질서유지 활동 전개
3. 긴급구조 및 주민대피 지원
4. 복구장비, 가용경력 지원 등 유관기관과 협조
5. 그 밖의 재난 대응·복구에 필요한 조치

② 지방청장 등은 재난으로 인하여 피해가 발생한 때에는 지체 없이 경찰청장에게 보고하고 지역재난안전대책본부장에게 통보한다.

---

217) 경찰 재난관리 규칙 제19조.

(3) 재난복구

① 재난발생시 지방청장 등은 치안여건 범위 내에서 긴급복구지원을 우선 실
시한다.
② 지방청장 등은 지역재난안전대책본부와 협조하여 재난복구지원을 실시한다.
③ 경찰관서가 피해를 입은 경우에는 경찰청에 즉시 피해를 보고하고 복구예
산 조치를 건의한다.

(4) 현장지휘본부

① 지방청장 등은 재난상황 발생시 적극적으로 재난에 대처하기 위해 재난현
장에 현장지휘본부를 설치 할 수 있다.
② 현장지휘본부는 재난상황실과 유기적으로 협조하여 재난업무를 처리한다.

현장지휘본부[218]

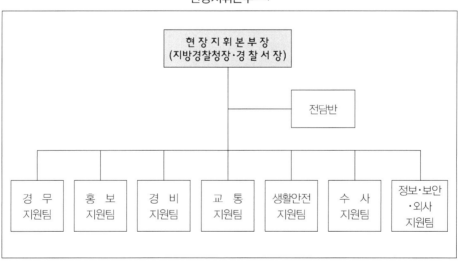

1. 구성
   가) 본부장 : 지방경찰청장 또는 경찰서장
      – 재난의 피해규모가 2개 이상의 경찰서 관할에 해당하는 경우는 해당

218) 경찰 재난관리 규칙 별표2.

　　　　지방경찰청장이 본부장이 되며, 2개 이상의 지방경찰청 관할에 해당
　　　하는 경우는 재난대책본부장이 지정
　나) 전담반 : 경비지원팀이 병행
　다) 지원팀 : 7개 팀으로 구성

2. 운영
　가) 재난상황이 발생하여 경찰 현장지휘 필요시
　나) 지방경찰청장 또는 경찰서장이 피해의 규모, 범위 등을 고려하여 적정
　　　수준으로 운영 결정

3. 해체
피해복구 완료시 또는 지역재난안전대책본부 철수시

4. 전담반 및 지원팀별 임무

지원팀	임　무
전담반	○ 현장지휘본부 설치·운용 ○ 지원팀간 업무협조 및 조정 ○ 재난상황실 업무협조 ○ 현장상황 등 보고·전파
경　무	○ 현장지휘본부 사무실, 차량, 유·무선 통신시설 등 설치 ○ 기타 예산, 장비 등 행정업무 지원
홍　보	○ 실시간 재난상황 및 경찰 조치사항 대국민 홍보 ○ 경찰 지원활동 등 홍보 ○ 온·오프라인 이슈(허위·왜곡 사실, 유언비어) 모니터링
경　비 (전담반 병행)	○ 동원경력·장비 확보 및 운용 ○ 상황 규모에 따라 비상소집 실시 ○ 재난지역 및 중요시설 등 경비 ○ 경찰통제선 설정·운용 ○ 불법집회시 경비대책 수립·시행
교　통	○ 비상출동로 지정·운용 ○ 현장주변에 대한 교통통제 및 우회로 확보 등 교통관리 ○ 경력·장비의 신속한 현장 투입로 확보

생 안	○ 재난지역 및 중요시설 주변 순찰활동 ○ 피해지역 주민 소개 등 대피조치 ○ 피해자 유류품 접수 및 유가족 연락 · 인계 등 ○ 대피건물 또는 사상자 소지품 도난 방지 등 범죄예방
수 사	○ 실종자 · 사상자 현황 파악 및 수사 ○ 현장 주변 범죄예방 및 증거확보 등 수사활동 ○ 불법집회시 주동자 등 검거, 사법처리 ○ 온 · 오프라인 유언비어에 대한 수사활동
정보 · 보안 · 외사	○ 재난지역 집단민원 파악 ○ 재난지역 치안 · 보안 · 외사정보활동 ○ 유관기관 협조체제 및 대외 협력관계 유지 ○ 불법집회 관리 및 불법 행위자에 대한 채증

9 청원경찰법

1) 정의[219]

기관의 장 또는 시설 · 사업장 등의 경영자가 경비를 부담할 것을 조건으로 경찰의 배치를 신청하는 경우 그 기관 · 시설 또는 사업장 등의 경비(警備)를 담당하게 하기 위하여 배치하는 경찰

1. 국가기관 또는 공공단체와 그 관리하에 있는 중요 시설 또는 사업장
2. 국내 주재(駐在) 외국기관
3. 그 밖에 행정안전부령으로 정하는 중요 시설, 사업장 또는 장소

- 행정안전부령으로 정하는 중요 시설, 사업장 또는 장소[220]
  1. 선박, 항공기 등 수송시설
  2. 금융 또는 보험을 업(業)으로 하는 시설 또는 사업장

---

219) 청원경찰법 제2조.
220) 청원경찰법 시행규칙 제2조.

3. 언론, 통신, 방송 또는 인쇄를 업으로 하는 시설 또는 사업장

4. 학교 등 육영시설

5. 「의료법」에 따른 의료기관

6. 그 밖에 공공의 안녕질서 유지와 국민경제를 위하여 고도의 경비(警備)가 필요한 중요 시설, 사업체 또는 장소

2) 임용자격221)

1. 18세 이상인 사람. 다만, 남자의 경우에는 군복무를 마쳤거나 군복무가 면제된 사람으로 한정한다.

2. 행정안전부령으로 정하는 신체조건에 해당하는 사람

• 행정안전부령으로 정하는 신체조건에 해당하는 사람222)

1. 신체가 건강하고 팔다리가 완전할 것

2. 시력(교정시력을 포함한다)은 양쪽 눈이 각각 0.8 이상일 것

3) 임용방법223)

① 청원경찰의 배치 결정을 받은 자는 그 배치 결정의 통지를 받은 날부터 30일 이내에 배치 결정된 인원수의 임용예정자에 대하여 청원경찰 임용승인을 지방경찰청장에게 신청하여야 한다.

② 청원주가 청원경찰을 임용하였을 때에는 임용한 날부터 10일 이내에 그 임용사항을 관할 경찰서장을 거쳐 지방경찰청장에게 보고하여야 한다. 청원경찰이 퇴직하였을 때에도 또한 같다.

---

221) 청원경찰법 시행령 제3조.
222) 청원경찰법 시행규칙 제4조.
223) 청원경찰법 시행령 제4조.

4) 교육[224)]

① 청원주는 청원경찰로 임용된 사람으로 하여금 경비구역에 배치하기 전에 경찰교육기관에서 직무 수행에 필요한 교육을 받게 하여야 한다. 다만, 경찰교육기관의 교육계획상 부득이하다고 인정할 때에는 우선 배치하고 임용 후 1년 이내에 교육을 받게 할 수 있다.
② 경찰공무원(의무경찰을 포함한다) 또는 청원경찰에서 퇴직한 사람이 퇴직한 날부터 3년 이내에 청원경찰로 임용되었을 때에는 교육을 면제할 수 있다.

• 청원경찰의 교육과목 및 수업시간표[225)]

학과별	과목		시간
정신교육		정신교육	8
학술교육		형사법	10
		청원경찰법	5
실무교육	경무	경찰관직무집행법	5
	방범	방범업무	3
		경범죄처벌법	2
	경비	시설경비	6
		소방	4
	정보	대공이론	2
		불심검문	2
	민방위	민방공	3
		화생방	2
	기본훈련		5
	총기조작		2
	총검술		2

---

224) 청원경찰법 시행령 제5조.
225) 청원경찰법 시행규칙 별표1.

	사격		6
술과	체포술 및 호신술		6
기타	입교·수료 및 평가		3

5) 청원경찰의 직무[226]

청원경찰은 청원경찰의 배치 결정을 받은 자와 배치된 기관·시설 또는 사업장 등의 구역을 관할하는 경찰서장의 감독을 받아 그 경비구역만의 경비를 목적으로 필요한 범위에서 「경찰관 직무집행법」에 따른 경찰관의 직무를 수행한다.

6) 복제[227]

1. **제복**: 정모(正帽), 기동모, 근무복(하복, 동복), 성하복(盛夏服), 기동복, 점퍼, 비옷, 방한복, 외투, 단화, 기동화 및 방한화
2. **장구**: 허리띠, 경찰봉, 호루라기 및 포승(捕繩)
3. **부속물**: 모자표장, 가슴표장, 휘장, 계급장, 넥타이핀, 단추 및 장갑

7) 근무요령[228]

① 자체경비를 하는 입초근무자는 경비구역의 정문이나 그 밖의 지정된 장소에서 경비구역의 내부, 외부 및 출입자의 움직임을 감시한다.
② 업무처리 및 자체경비를 하는 소내근무자는 근무 중 특이한 사항이 발생하였을 때에는 지체 없이 청원주 또는 관할 경찰서장에게 보고하고 그 지시에 따라야 한다.
③ 순찰근무자는 청원주가 지정한 일정한 구역을 순회하면서 경비 임무를 수행한다. 이 경우 순찰은 단독 또는 복수로 정선순찰(定線巡察)을 하되, 청

---

226) 청원경찰법 제3조.
227) 청원경찰법 시행규칙 제9조.
228) 청원경찰법 시행규칙 제14조.

원주가 필요하다고 인정할 때에는 요점순찰(要點巡察) 또는 난선순찰(亂線巡察)을 할 수 있다.

④ 대기근무자는 소내근무에 협조하거나 휴식하면서 불의의 사고에 대비한다.

제6장

정보경찰

1 정보경찰

　　정보경찰은 국가의 안전과 사회공공의 안녕과 질서에 대한 위험 또는 경찰위
반의 상태를 제거하기 위해 정보활동을 하는 경찰로서,[229] 그 전제가 되는 치안정
보를 수집·분석·작성·배포하는 경찰을 의미한다.[230] 정보경찰은 국가 또는 사회
안전의 위험을 초래할 수 있는 경찰 위반상태가 발생하기 전에 첩보를 수집하고
분석하기에 예방수단으로서 임무를 수행하되, 이미 범죄 또는 무질서가 발생하거
나 정책결정 과정에서 문제가 발생한 경우 피해를 최소화하고 빠른 복구를 위한
진압수단으로서의 임무를 수행하기도 한다.

---

229) 정육상. (2017). 국가정보와 경찰정보Ⅱ. 백산출판사. 238~239.
230) 김형중·김양현·정의롬·조상현. (2020). 경찰학각론. 청목출판사. 201.

2 정보경찰의 조직

1) 정보국장

경찰청은 정보국에 국장은 1인을 두고, 국장 밑에 정보심의관을 둔다. 국장은 치안감 또는 경무관으로, 정보심의관은 경무관으로 보하며, 아래 사항을 분장한다.[231]

1. 치안정보업무에 관한 기획·지도 및 조정
2. 정치·경제·노동·사회·학원·종교·문화 등 제분야에 관한 치안정보의 수집·종합·분석·작성 및 배포
3. 정책정보의 수집·종합·분석·작성 및 배포
4. 집회·시위등 집단사태의 관리에 관한 지도 및 조정
5. 신원조사 및 기록관리

2) 정보국 각 과장

정보국에 정보1과·정보2과·정보3과 및 정보4과를 두며, 각 과장은 총경으로 보한다.[232]

(1) 정보1과장

1. 정보경찰(情報警察)업무에 관한 기획·지도 및 조정
2. 신원조사 및 기록관리
3. 기타 국내 다른 과의 주관에 속하지 아니하는 사항

(2) 정보2과장

1. 치안정보업무에 관한 기획·지도 및 조정

---

231) 경찰청과 그 소속기관 직제 제14조.
232) 경찰청과 그 소속기관 직제 시행규칙 제11조.

2. 정책정보의 수집·종합·분석·작성·배포 및 조정

(3) 정보3과장

1. 정치·경제·노동분야에 관련되는 치안정보의 수집·종합·분석·작성 및 배포
2. 정치·경제·노동분야에 관련되는 집회·시위 등 집단사태의 관리에 관한 지도 및 조정

(4) 정보4과장

1. 학원·종교·사회·문화분야에 관련되는 치안정보의 수집·종합·분석·작성 및 배포
2. 학원·종교·사회·문화분야에 관련되는 집회·시위 등 집단사태의 관리에 관한 지도 및 조정

3 정보경찰활동의 특성

정보경찰활동의 특성으로는 기초활동성, 사실행위성, 비권력성, 광범위성 등이 있다. 정보경찰의 활동은 보안경찰, 외상경찰, 경비경찰 등 각 경찰활동에 있어서 기초가 되는 활동으로 이는 기초활동성에 해당된다. 정보경찰의 정보수집활동은 각종 경찰활동을 하는데 있어서 기초가 됨으로 그 법적 성질은 사실행위에 해당된다. 정보경찰의 정보활동은 구체적 수권 즉, 개별적 법적 근거 없이 직무에 관한 일반조항(경찰법, 경찰관직무집행법)으로도 활동이 가능하므로 임의수단에 의한 비권력적 작용이다. 정보경찰은 모든 경찰활동에 있어서 기초활동이므로, 공공의 안녕과 질서에 대한 침행의 발생 전후 뿐만 아니라. 범죄의 예방 및 발생 후의 범죄가 진압 또는 검거를 위한 수단으로 광범위하다 할 수 있다.

4 첩보(information)와 정보(intelligence)

첩보와 정보는 의미, 용어, 활동, 특성 등에 따라 구별될 수 있다.

첩보와 정보

구분	첩보	정보
의미	목적의식에 따라 수집	가공되어 처리된 생산물
용어	1차 정보, 첩보, 생정보	2차정보, 정보, 가공정보
활동	수집	처리, 분석, 종합, 평가
활동특성	의식적	의식적
특성	불확실성	확실성
유용성	정보화과정에서 검증 필요	매우 유용, 중요

출처: 정육상. 2017. 국가정보와 경찰정보Ⅰ. 백산출판사. 26

5 정보의 종류

정보는 사용목적, 사용주체, 생산방법, 수집방법 등에 따라 구분할 수 있다.

정보의 종류

사용목적	적극정보 (positive intelligence)	국가, 세력, 개인이 자신들의 이익증진과 안전을 확보하는 데 필요한 의사결정의 수립과 집행, 평가를 지원하기 위한 정보
	소극정보 (negative intelligence)	국가나 조직 또는 개인의 안전을 확보하기 위한 정보
사용주체	국가정보 (national intelligence)	국가안전의 확보 및 국가이익증진을 위해 주로 국가정보 기구에서 생사하는 정보

	단체정보 (group intelligence)	2인 이상이 모여서 이루어진 집단, 세력, 조직이 자신들의 생존과 안전 확보, 이익 증진 및 의사결정에 필요한 정보
생산방법	기본정보 (basic intelligence)	모든 사상(事象)의 정적인 상태를 기술한 정보
	현용정보 (current intelligence)	관찰할 수 있는 모든 사물이나 현상의 동태를 현재의 시점에서 설명한 정보
	판단정보 (speculative–evaluative intelligence)	어떤 문제에 대해 기본정보와 현용정보를 기초로 체계적인 분석을 통해 미래에 있을 어떤 상태를 예측·판단하여 사용자에게 예고, 대응방안을 지원하는 것을 기능으로 하는 정보
수집방법	인간정보 (HUMINT:human intelligence)	사람을 수단으로 하여 수집하고 분석하여 생산된 정보
	기술정보 (TECHINT:technical intelligence)	기술적 수단을 통해 수집한 첩보를 처리, 평가하여 만들어진 정보
	공개출처정보 (OSINT:open source intelligence)	인터넷, 신문, 방송, 학술논문 등 공개출처에서 얻어진 자료로 만들어진 정보
대상지역	국내정보(domestic intelligence)	일국의 영토 내에서 국내세력, 내국인 개인 등 자국에 소속된 정보대상과 관련하여 만들어진 정보
	국외정보 (foreign intelligence)	외국 정부 및 단체, 또는 외국인이 정보의 대상이 되어 만들어진 정보
요소	정치정보 (political intelligence)	한 나라의 정치적인 모든 요소에 관한 정보
	경제정보 (economic intelligence)	한 나라 또는 단체의 경제적인 모든 요소에 관한 정보
	사회정보 (social intelligence)	한 나라의 사회를 구성하고 있는 모든 요소에 관한 정보
	군사정보 (military intelligence)	한 나라 또는 단체의 군사적인 모든 요소에 관련된 정보
	과학기술정보 (science and technological intelligence)	한 나라 또는 단체의 과학기술과 관계된 모든 요소에 관한 정보

	환경정보 (environmental intelligence)	기존의 국내외 환경문제의 해결과 장차 도래할 환경적 위기관리 및 환경관련 이익증진에 필요한 제반지식
	사이버정보 (cyber intelligence)	사이버공간에서 발생하는 모든 요소에 관한 정보

출처: 정육상. 2017. 국가정보와 경찰정보 Ⅰ. 백산출판사. 61–73.

6 정보경찰 활동규칙

1) 목적233)

「경찰관 직무집행법」 제2조, 「경찰청과 그 소속기관 직제」 제14조에 따른 정보활동 과정에서 준수하여야 할 사항을 규정하는 것을 목적으로 한다.

2) 정의234)

1. "정보활동"이란 공공안녕에 대한 위험의 예방 및 대응을 위한 정보의 수집·분석·종합·작성 및 배포와 그에 수반되는 사실확인·조사를 위한 행위를 말한다.
2. "정보관"이란 「경찰청과 그 소속기관 직제」 제14조(정보국)에 따른 직무를 수행하는 경찰관을 말한다.
3. "공공기관"이란 「공공기관의 정보공개에 관한 법률」 제2조제3호에 따른 기관을 말한다.

- 공공기관235)
   가. 국가기관

---

233) 정보경찰 활동규칙 제1조.
234) 정보경찰 활동규칙 제2조.
235) 공공기관의 정보공개에 관한 법률 제2조 제3호.

      1) 국회, 법원, 헌법재판소, 중앙선거관리위원회

      2) 중앙행정기관(대통령 소속 기관과 국무총리 소속 기관을 포함한다) 및 그 소속 기관

      3) 「행정기관 소속 위원회의 설치·운영에 관한 법률」에 따른 위원회

나. 지방자치단체

다. 「공공기관의 운영에 관한 법률」 제2조에 따른 공공기관

라. 그 밖에 대통령령으로 정하는 기관

3) 적용범위[236)]

정보관과 정보관의 소속 경찰기관장은 정보경찰의 활동에 관하여 다른 법령에 특별한 규정이 있는 경우를 제외하고는 이 규칙이 정한 바에 따른다.

4) 정보활동의 범위[237)]

정보관이 수행하는 정보활동의 범위는 아래와 같다.

1. 범죄 정보
2. 국민안전과 국가안보를 저해하는 위험 요인에 관한 정보
3. 국가중요시설·주요 인사의 안전 및 보호에 관한 정보
4. 집회·시위 등 사회갈등과 다중운집에 따른 질서·안전 유지에 관한 정보
5. 국민의 생명·신체의 안전이나 재산의 보호 등 생활의 평온과 관련된 정책의 입안·집행·평가에 관한 정보
6. 공공기관의 장이 요청한 신원조사 및 사실확인에 관한 정보
7. 그 밖에 공공안녕에 대한 위험의 예방과 대응에 관한 정보

---

236) 정보경찰 활동규칙 제3조.
237) 정보경찰 활동규칙 제4조.

5) 기본원칙[238]

① 정보관의 정보활동은 국민의 자유와 권리를 보호하고 사회공공의 질서를 유지하는 것을 목적으로 하여야 한다.

② 정보관은 직무 수행에 필요한 최소한도에서 정보활동을 수행하여야 하고, 국민의 인권을 존중하여야 한다.

③ 정보관은 정보활동 과정에서 아래 사항의 행위를 하여서는 아니 된다.

1. 법령 또는 이 규칙을 위반하는 행위
2. 정치에 관여할 목적으로 정보를 수집하는 행위
3. 법령과 이 규칙의 직무범위를 벗어나서 개인의 사상이나 동향 등을 파악하기 위해 지속적으로 사생활에 대한 정보를 수집하는 행위
4. 상대방의 명시적 의사에 반해 자료의 제출 또는 의견표명을 강요하는 행위
5. 부당한 민원이나 청탁을 직무관련자에게 전달하는 행위
6. 직무상 알게 된 정보를 누설하거나 사익을 위해 이용하는 행위
7. 직무와 무관한 비공식적 직함을 사용하는 행위

6) 정보 수집활동[239]

① 정보관이 정보를 수집할 때에는 신분을 밝히고 정보수집의 목적을 설명하여야 하며, 임의적인 방법을 사용하여야 한다.

② 정보관은 국민의 생명·신체의 안전과 국가안보에 긴박한 위험이 발생할 우려가 있는 경우와 범죄정보를 수집하는 경우에는 신분 밝힘과 목적 설명을 생략할 수 있다.

③ 정보관은 정보를 제공한 자가 불이익을 받지 않도록 비밀유지 등 필요한 조치를 할 수 있다.

④ 정보관은 정보수집의 목적이 달성되어 그 정보가 불필요하게 되었을 때는

---

238) 정보경찰 활동규칙 제5조.
239) 정보경찰 활동규칙 제6조.

지체 없이 이를 폐기하고, 정기적으로 감사 기능의 감독을 받도록 한다.

7) 정보의 제공240)

① 정보관은 공공안녕에 대한 위험의 예방과 대응을 위해 필요한 경우 이 규칙에 따라 수집한 정보를 관계기관 및 관계자에게 통보할 수 있다.
② 경찰기관의 장은 소속 정보관이 정보활동 과정에서 알게 된 공직자의 중대한 복무규정 위반 사실 등을 관계기관에 통보할 수 있다.

8) 정보수집을 위한 출입의 한계241)

① 정보관은 언론·교육·종교·시민사회 단체, 기업 등 민간단체 및 정당사무소에 상시적인 출입을 하지 아니 한다. 다만, 정보활동의 범위에 규정된 직무 수행을 위해 필요한 경우 일시적으로 출입할 수 있다.
② 소속이 다른 정보관은 동일한 기관에 같은 목적으로 중복하여 출입하지 아니 한다. 다만, 집회·시위와 관련한 업무 또는 국가기관, 지방자치단체, 기타 공공기관의 협조 요청에 따른 업무를 수행하는 경우에는 그러하지 아니한다.

9) 국가중요시설 등 안전을 위한 정보활동242)

정보관은 국가중요시설과 주요 인사에 대한 위해를 예방하기 위한 활동을 할 수 있다.

---

240) 정보경찰 활동규칙 제7조.
241) 정보경찰 활동규칙 제8조.
242) 정보경찰 활동규칙 제9조.

10) 집회·시위 보호 등을 위한 정보활동[243]

① 정보관은 집회·시위 관련 정보활동 과정에서 집회·시위의 자유를 보장하고 집회·시위 참가자의 언행을 경청하여 그 의사를 정확하게 이해하기 위해 노력하여야 한다.

② 정보관은 집회·시위의 신고자, 주최자, 연락책임자 및 그 밖의 관계자와 상호 연락 등을 통해 집회·시위 신고서에 기재된 사항의 변경 여부 등을 확인할 수 있다.

③ 정보관은 집회·시위의 자유 보장과 참가자 등의 안전을 위하여 아래 사항과 관련한 정보활동을 할 수 있다.

   1. 지형·구조물 등 관련 안전사고의 예방
   2. 다른 사람의 생명을 위협하거나 신체에 해를 끼칠 수 있는 물품의 휴대·반입 또는 시설물·도로 점거 등 불법행위의 예방
   3. 그 밖에 집회·시위 및 다중운집에 따른 질서·안전의 유지

④ 경찰관서장은 집회·시위 현장에서 대화·협의·안전 조치 등 업무를 수행하는 경찰관을 배치·운영할 수 있다.

11) 집단민원현장 및 노사갈등현장 정보활동[244]

① 집단민원현장 및 노사갈등현장은 이해관계자들 간의 자율해결을 원칙으로 한다. 다만, 정보관은 공공안녕에 대한 위험에 관하여 정보활동을 할 수 있다.

② 정보관은 자율해결을 위하여 이해관계자들의 요청 또는 동의를 얻어 상호 간의 대화를 제안·촉진하는 등 필요한 조치를 할 수 있다.

③ 정보관은 아래 사항의 행위를 하여서는 아니 된다.

   1. 분쟁의 구체적 내용에 부당하게 개입하는 행위
   2. 이해관계자들에게 부당하게 화해를 강요하는 행위

---

243) 정보경찰 활동규칙 제10조.
244) 정보경찰 활동규칙 제11조.

3. 특정 이해관계자에 대하여 비방 또는 지지하는 내용의 의견을 표명하는 행위

12) 국민의 생명·신체의 안전이나 재산의 보호 등 국민 생활의 평온 관련 정책의 입안·집행·평가에 관한 정보활동[245]

① 정보관은 국민의 생명·신체의 안전이나 재산의 보호 등 국민 생활의 평온과 관련된 정책의 입안·집행·평가에 관한 정보를 수집할 수 있다.
② 정보관은 다른 공공기관이 소속 경찰기관의 장에게 요청한 경우 제1항에 따른 정보를 수집할 수 있다.
③ 정보관은 임의적인 방법으로 정보를 수집하여야 하며, 상대방의 명시적 의사에 반하여 자료의 제출 또는 의견 표명을 강요하여서는 아니 된다.

13) 신원조사 및 사실조사[246]

① 정보관은 「보안업무규정」 및 「보안업무규정 시행규칙」에 따라 신원조사를 할 수 있다.
② 정보관은 국가기관의 요청이 있을 경우 고위공직자 또는 공직 후보자의 직무역량·비위 등 임용에 필요한 사실조사와 자료수집을 할 수 있다.
③ 정보관은 개인정보를 수집 목적과 다르게 사용하거나 누설해서는 아니 되고, 「개인정보보호법」등 관계 법령을 준수하여야 한다.

14) 정당·선거 관련 위험의 예방·대응을 위한 정보활동[247]

① 정보관은 정당의 활동 또는 선거와 관련한 위험을 예방·대응하기 위하여 필요한 경우 다음 각 호의 활동을 할 수 있다.

---

245) 정보경찰 활동규칙 제12조.
246) 정보경찰 활동규칙 제13조.
247) 정보경찰 활동규칙 제14조.

1. 선거 관련 사건·사고에 관한 상황 파악 및 대응을 위해 필요한 활동
2. 정당을 대상으로 하는 집회·시위 또는 항의방문 등에 대한 상황 파악 및 안전확보를 위한 활동
3. 정당 대표 및 선거 후보자 등에 대한 위해를 예방하기 위한 활동

② 정보관은 아래 사항의 행위를 하여서는 아니 된다.

1. 정당·정치인 행사장에 출입하는 행위. 다만, 정당 관계인이 명시적으로 출입을 요청하거나 동의한 경우는 제외한다.
2. 정치에 관여할 목적으로 특정 정당·정치인에 대한 사생활 및 동향을 파악하는 행위
3. 온라인 상에서 정치적 내용의 글을 작성하거나, 타인이 작성한 정치적 내용의 글을 추천·공유하는 행위
4. 특정 정당·후보자 등에 대한 풍문, 여론조사 결과나 출처가 분명하지 않은 글 등을 타인과 공유하는 행위

15) 부당지시 금지 및 거부[248]

① 누구든지 정보관에게 법령과 이 규칙에 반하는 위법 또는 부당한 지시를 하여서는 아니 된다.
② 정보관은 명백히 위법한 지시라고 판단되는 경우 그 집행을 거부할 수 있다.
③ 정보관은 명백히 위법한 지시를 거부했다는 이유로 인사·직무 등과 관련된 어떠한 불이익도 받아서는 아니 된다.

16) 준법지원팀[249]

① 정보활동에 대한 자율적인 통제를 위해 정보국 소속으로 준법지원팀을 운용한다.
② 준법지원팀은 정보활동 관련 아래 사항의 직무를 수행한다.

---

248) 정보경찰 활동규칙 제15조.
249) 정보경찰 활동규칙 제16조.

    1. 법령 및 이 규칙 위반 여부에 대한 사실조사

    2. 법령 및 이 규칙과 관련된 상담·교육 및 행정지도

③ 준법지원팀은 직무를 수행하기 위해 경찰청 소속 관계자에게 관련 자료의 제출을 요구할 수 있고, 요구를 받은 자는 정당한 이유 없이 이를 거부해서는 아니 된다.

17) 사실조사[250)]

① 정보관은 특정한 정보활동이 법령과 이 규칙에 반하는지 여부에 대해 해당 정보관의 소속 경찰기관장 또는 상급 경찰기관장에게 사실조사를 요청할 수 있다.

② 요구를 받은 경찰기관장 및 준법지원팀은 즉시 법령과 이 규칙에 반하는지 여부를 확인하고, 그 결과를 사실조사를 요청한 정보관에게 통보하여야 한다.

③ 준법지원팀은 조사 결과 법령과 이 규칙에 반하는지 여부를 확인한 경우에는 그 결과를 법령과 이 규칙을 위반한 자가 소속된 경찰기관장에게 통보하여야 한다.

④ 경찰기관장은 법령과 이 규칙을 위반한 자에 대해 주의·경고·징계요구·수사의뢰 등 적절한 조치를 하여야 한다.

---

7 │ 수사첩보 수집 및 처리 규칙

1) 목적[251)]

이 규칙은 형사정책 수립 및 범죄 수사의 자료가 되는 수사첩보를 적극 수집 처리하여 수사경찰의 발전과 수사 활동의 효율적인 수행을 도모함을 목적으로 한다.

---

250) 정보경찰 활동규칙 제17조.
251) 수사첩보 수집 및 처리 규칙 제1조.

2) 정의252)

이 규칙에서 사용하는 용어의 정의는 다음과 같다.

1. 「수사첩보」라 함은 수사와 관련된 각종 보고자료로서 범죄첩보와 정책첩보를 말한다.
2. 「범죄첩보」라 함은 대상자, 혐의 내용, 증거자료 등이 특정된 내사 단서 자료와 범죄 관련 동향을 말하며, 전자를 범죄내사첩보, 후자를 범죄동향첩보라고 한다.
3. 「기획첩보」라 함은 범죄첩보 중 일정기간 집중적으로 수집이 필요한 내사 단서 자료 및 동향을 말한다.
4. 「정책첩보」라 함은 수사제도 및 형사정책 개선, 범죄예방 및 검거대책에 관한 자료를 말한다.
5. 「수사첩보분석시스템」이란 수사첩보의 수집, 작성, 평가, 배당 등 전 과정을 전산화한 다음 각 목의 시스템으로서 경찰청 범죄정보과(사이버안전과)에서 운영하는 것을 말한다.
   가. 수사국 범죄첩보분석시스템(Criminal Intelligence Analysis System)」
   나. 사이버안전국 사이버첩보관리시스템(Cyber Intelligence Management System)

3) 적용범위253)

이 규칙은 모든 경찰공무원에게 적용된다.

4) 수집의무254)

경찰공무원은 항상 적극적인 자세로 범죄와 관련된 첩보를 발굴 수집하여야 한다.

---

252) 수사첩보 수집 및 처리 규칙 제2조.
253) 수사첩보 수집 및 처리 규칙 제3조.
254) 수사첩보 수집 및 처리 규칙 제4조.

5) 월 수집기준량[255]

수사·형사 외근요원은 4건 이상의 수사첩보를 수집·보고하고, 수사내근·지구대·파출소 직원은 1건 이상의 수사첩보를 수집·보고하도록 한다. 다만, 별도 지침을 마련한 경우 이에 따른다.

6) 제출방법[256]

① 경찰공무원은 수집한 수사첩보를 보고할 경우 수사첩보분석시스템을 통하여 작성 및 제출하여야 한다.
② 경찰공무원은 허위의 사실을 수사첩보로 제출해서는 아니 된다.

7) 평가 및 기록관리 책임자[257]

① 평가 및 기록관리 책임자는 다음과 같다.
　1. 경찰청은 범죄정보(사이버안전)과장
　2. 지방경찰청 및 경찰서는 수사(사이버안전)과장, 형사과가 분리된 경우 형사과장
② 평가 책임자는 제출된 수사첩보를 신속히 검토 후 적시성, 정확성, 활용성 등을 종합 판단하여 공정하게 평가하고 필요한 조치에 대하여 구체적으로 지시하여야 한다.
③ 평가 책임자는 제출된 수사첩보의 정확한 평가를 위하여 제출자에게 사실 확인을 요구할 수 있다.
④ 평가 책임자는 제출된 수사첩보의 내용이 부실하여 보충할 필요성이 있는 경우 제출자에게 보완을 요구할 수 있다.
⑤ 평가 책임자는 제출된 수사첩보를 비공개하여야 한다. 다만 범죄예방 및

---

255) 수사첩보 수집 및 처리 규칙 제5조.
256) 수사첩보 수집 및 처리 규칙 제6조.
257) 수사첩보 수집 및 처리 규칙 제7조.

검거 등 수사목적상 수사첩보 내용을 공유할 필요가 있다고 인정할 경우 수사첩보분석시스템상에서 공유하게 할 수 있다.

⑥ 평가 책임자는 제출된 수사첩보에 대하여 적절한 수사가 이루어지도록 수사부서 책임자에게 필요한 조치를 요구할 수 있다.

8) 수사첩보 처리[258]

① 경찰공무원이 입수한 모든 수사첩보는 수사첩보분석시스템을 통하여 처리되어야 한다.

② 각급 경찰관서장은 입수된 수사첩보를 신속하게 처리하도록 한다.

③ 입수된 수사첩보와 관련하여 당해 관서에서 처리하기가 적합하지 않다고 인정될만한 사유가 있는 경우에 한하여 상급관서에서 처리할 수 있도록 지체없이 보고한다.

④ 모든 수사첩보는 수사 착수 전에 누설되는 일이 없도록 철저히 보안을 유지하여야 한다.

⑤ 수사부서 책임자는 평가책임자로부터 필요한 조치를 요구받은 경우 신속히 처리하여야 한다

9) 이송[259]

① 수집된 수사첩보는 수집관서에서 처리하는 것을 원칙으로 한다. 다만, 평가 책임자는 수사첩보에 대해 범죄지, 피내사자의 주소·거소 또는 현재지 중 어느 1개의 관할권도 없는 경우 이송할 수 있다.

② 전항과 같이 이송을 하는 수사첩보의 평가 및 처리는 이송 받은 관서의 평가 책임자가 담당한다.

---

258) 수사첩보 수집 및 처리 규칙 제8조.
259) 수사첩보 수집 및 처리 규칙 제9조.

10) 기획첩보의 수집[260]

각 경찰관서 수사부서의 장은 수사 목적상 필요한 경우 소속 관서의 경찰공무원에게 기획첩보를 수집하도록 요구할 수 있다.

11) 평가[261]

① 범죄첩보의 성적 평가를 위한 1건당 배점은 다음 각 호와 같다.
   1. 특보 : 10점
     가. 전국단위 기획수사에 활용될 수 있는 첩보
     나. 2개 이상의 지방청과 연관된 중요 사건 첩보 등 경찰청에서 처리해야 할 첩보
   2. 중보 : 5점
     2개 이상 경찰서와 연관된 중요 사건 첩보 등 지방청 단위에서 처리해야 할 첩보
   3. 통보 : 2점
     경찰서 단위에서 내사할 가치가 있는 첩보
   4. 기록 : 1점
     내사할 정도는 아니나 추후 활용할 가치가 있는 첩보
   5. 참고
     단순히 수사업무에 참고가 될 뿐 사용가치가 적은 첩보
② 정책첩보의 성적 평가를 위한 1건당 배점은 다음 각 호와 같다.
   1. 특보 : 10점
     전국적으로 활용·시행할 가치가 있는 첩보
   2. 중보 : 5점
     지방청 단위에서 활용·시행할 가치가 있는 첩보
   3. 통보 : 2점

---

260) 수사첩보 수집 및 처리 규칙 제10조.
261) 수사첩보 수집 및 처리 규칙 제11조.

　　경찰서 단위에서 활용·시행할 가치가 있는 첩보

　4. 기록 : 1점

　　추후 활용·시행할 가치가 있는 첩보

　5. 참고

　　단순히 수사업무에 참고가 될 뿐, 활용·시행할 가치가 적은 첩보

③ 수사첩보 수집 내역, 평가 및 처리결과는 수사첩보분석시스템을 이용하여 전산관리한다.

12) 수사첩보의 보존 및 폐기[262]

① 수사첩보 및 수사첩보 전산관리대장의 보존기간은 다음 각 호와 같다. 이 경우 보존기간의 기산일은 다음 해 1월 1일로 한다.

　1. 수사첩보 : 2년

　2. 수사첩보 전산관리대장 : 10년

② 보존기간이 경과한 수사첩보 및 수사첩보 전산관리대장은 매년 초 일괄 폐기하고, 로그기록을 보존하여야 한다.

13) 포상[263]

① 수사첩보에 의해 사건해결 또는 중요범인을 검거하였을 경우 수사첩보 제출자를 사건을 해결한 자 또는 검거자와 동등하게 특별승진 또는 포상할 수 있다.

② 일정기간 동안 개인별로 수사첩보 성적을 평가하여 포상 및 특별승진 등 기준으로 사용할 수 있다.

③ 제출한 수사첩보에 의해 수사시책 개선발전에 기여한 자는 별도 포상한다.

④ 범죄정보과에서는 범죄첩보 마일리지 제도를 통해 별도 포상을 실시할 수 있다.

---

262) 수사첩보 수집 및 처리 규칙 제11조의2.
263) 수사첩보 수집 및 처리 규칙 제12조.

제7장

보안경찰

1 보안경찰

　　보안경찰이란 국가안전보장에 대한 위해로서 공공의 안녕과 질서를 해치는 사항들에 대응하는 경찰로서,[264] 국가적 보안취약점에 대한 첩보수집과 분석 및 판단, 보안사범수사를 전담한다.[265] 보안경찰은 국가인 안전·존립 보호를 목적으로 대공(對共)업무를 주된 활동대상으로 하며, 국가안전보장에 관련된 범죄를 대상으로 하기에 고도의 보안을 요하는 비공개활동을 그 특징으로 한다.

2 보안경찰의 조직

1) 보안국장

　　경찰청은 보안국에 국장은 치안감 또는 경무관으로 보하며, 아래 사항을 분장

---

264) 임재강·한태천. (2014). 경찰학원론. 21세기사. 672.
265) 김영식. (2015). 경찰학각론. 청목출판사. 163.

한다.[266)

　　1. 보안경찰업무에 관한 기획 및 교육

　　2. 보안관찰에 관한 업무지도

　　3. 북한이탈 주민관리 및 경호안전대책 업무

　　4. 간첩등 보안사범에 대한 수사의 지도·조정

　　5. 보안관련 정보의 수집 및 분석

　　6. 남북교류와 관련되는 보안경찰업무

　　7. 간첩등 중요방첩수사에 관한 업무

　　8. 중요좌익사범의 수사에 관한 업무

2) 보안국 각 과장

보안국에 보안기획과·보안관리과·보안수사과 및 보안사이버과를 두며, 각 과장은 총경으로 보한다.[267)

(1) 보안기획과장

1. 보안경찰업무에 관한 기획 및 교육
2. 북한의 실상에 대한 홍보
3. 보안관찰에 관한 업무지도
4. 북한이탈 주민관리 및 경호안전대책 업무
5. 기타 국내 다른 과의 주관에 속하지 아니하는 사항

(2) 보안관리과장

1. 간첩 등 보안사범에 대한 수사의 지도 및 조정
2. 보안관련 정보의 수집 및 분석
3. 북한에 대한 정보의 수집 및 분석
4. 남북교류와 관련되는 보안경찰업무

---

266) 경찰청과 그 소속기관 직제 제15조.
267) 경찰청과 그 소속기관 직제 시행규칙 제12조.

(3) 보안수사과장

1. 간첩 등 중요 방첩수사
2. 중요 안보위해사범의 수사

(4) 보안사이버과장

1. 사이버공간에서 활동하는 보안사범 수사
2. 보안사범 수사 시 전자적 증거 분석 수행 및 지원
3. 사이버공간 내 보안 관련 정보의 수집 및 분석

3 방첩업무 규정

1) 정의268)

1. "방첩"이란 국가안보와 국익에 반하는 외국의 정보활동을 찾아내고 그 정보활동을 견제·차단하기 위하여 하는 정보의 수집·작성 및 배포 등을 포함한 모든 대응활동을 말한다.
2. "외국의 정보활동"이란 외국 정부·단체 또는 외국인이 직접 하거나 내국인을 이용하여 하는 정보 수집활동과 그 밖의 활동으로서 대한민국의 국가안보와 국익에 영향을 미칠 수 있는 모든 활동을 말한다.
3. "방첩기관"이란 방첩에 관한 업무를 수행하는 아래의 기관을 말한다.
   가. 국가정보원
   나. 법무부
   다. 관세청
   라. 경찰청
   마. 해양경찰청
   바. 군사안보지원사령부

---

268) 방첩업무 규정 제2조.

2) 방첩업무의 범위[269]

1. 외국의 정보활동에 대한 정보 수집 및 색출
2. 외국의 정보활동에 대한 견제 및 차단
3. 외국의 정보활동에 대응하기 위한 기법 개발 및 제도 개선
4. 다른 방첩기관 및 관계기관에 대한 방첩 관련 정보 제공
5. 그 밖에 외국의 정보활동으로부터 국가안보 및 국익을 지키기 위한 활동

3) 기관 간 협조[270]

① 방첩기관의 장은 방첩업무 수행을 위하여 필요한 경우 다른 방첩기관의 장
   이나 관계기관의 장에게 협조를 요청할 수 있다.
② 협조 요청을 받은 기관의 장은 협조 요청에 따르지 못할 특별한 사유가 있
   는 경우를 제외하고는 협조하여야 한다.

4) 방첩정보 공유센터[271]

① 방첩기관 간 방첩 관련 정보의 원활한 공유와 방첩업무의 효율적인 수행
   을 위하여 국가정보원장 소속으로 방첩정보 공유센터를 둘 수 있다.
② 방첩정보 공유센터의 조직 및 운영에 관한 사항은 제6조에 따른 기본지침
   으로 정할 수 있다.
③ 국가정보원장은 방첩정보 공유센터의 운영을 위하여 필요한 경우 방첩기
   관의 장에게 소속 공무원의 파견 또는 방첩 관련 정보의 공유 등 협조를
   요청할 수 있다.

---

269) 방첩업무 규정 제3조.
270) 방첩업무 규정 제4조.
271) 방첩업무 규정 제4조의2.

5) 방첩업무의 기획·조정[272)]

① 국가정보원장은 방첩업무에 관한 정책을 기획하고, 방첩업무를 통합적으로 수행하기 위하여 필요한 경우 이 영 및 관계 법령으로 정한 범위에서 방첩기관 및 관계기관의 방첩업무를 합리적으로 조정한다.

② 국가정보원장은 방첩업무를 조정하는 경우에 국가안보에 중대한 영향을 미치는 주요 사안에 대해서는 직접 조정하고, 그 밖의 사안에 대해서는 지침으로 정하는 바에 따라 조정한다.

6) 국가방첩업무 지침의 수립 등[273)]

① 국가정보원장은 국가의 방첩업무를 효율적으로 수행하기 위하여 국가방첩업무 기본지침을 수립하여 방첩기관등의 장에게 송부하여야 한다.

② 기본지침에는 아래의 사항이 포함되어야 한다.

　1. 방첩업무의 기본 목표 및 전략에 관한 사항

　2. 방첩기관등의 방첩업무 협조에 관한 사항

　3. 그 밖에 국가 방첩업무의 원활한 수행을 위하여 필요한 사항

③ 국가정보원장은 매년 12월 20일까지 기본지침에 따라 다음 연도의 방첩업무 수행에 관한 지침을 수립하여 방첩기관등의 장에게 송부하여야 한다.

④ 국가정보원장으로부터 연도별 지침을 받은 방첩기관의 장은 연도별 지침에 따라 그 기관의 해당 연도 방첩업무계획을 수립·시행하여야 한다.

7) 국가방첩전략회의의 설치 및 운영 등[274)]

① 국가방첩전략의 수립 등 국가 방첩업무에 관한 중요 사항을 심의하기 위하여 국가정보원장 소속으로 국가방첩전략회의를 둔다.

---

272) 방첩업무 규정 제5조.
273) 방첩업무 규정 제6조.
274) 방첩업무 규정 제10조.

② 전략회의는 의장 1명을 포함한 25명 이내의 위원으로 구성한다.

③ 전략회의의 의장은 국가정보원장이 되고, 위원은 아래의 공무원이 된다.

    1. 기획재정부, 과학기술정보통신부, 외교부, 통일부, 법무부, 행정안전부, 산업통상자원부, 중소벤처기업부 및 국무조정실의 차관급 공무원(차관급 공무원이 2명 이상인 경우 해당 기관의 장이 지정하는 차관급 공무원을 말한다)

    2. 인사혁신처, 관세청, 방위사업청, 경찰청 및 해양경찰청의 차장

    3. 국방정보본부의 본부장 및 군사안보지원사령부의 사령관

    4. 전략회의의 의장이 지명하는 국가정보원 소속 공무원

    5. 전략회의의 의장이 관계기관의 장과 협의하여 지명하는 관계기관 소속 공무원

④ 전략회의의 의장은 회의를 소집하고 그 회의를 주재한다.

⑤ 전략회의의 회의는 재적위원 과반수의 출석과 출석위원 과반수의 찬성으로 의결한다.

⑥ 규정한 사항 외에 전략회의의 운영에 필요한 사항은 국가정보원장이 정한다.

8) 국가방첩전략실무회의의 설치 및 운영 등[275]

① 전략회의를 효율적으로 운영하기 위하여 전략회의에 국가방첩전략실무회의를 둔다.

② 실무회의는 의장 1명을 포함한 25명 이내의 위원으로 구성한다.

③ 실무회의의 의장은 국가정보원의 방첩업무를 담당하는 실장급 또는 국장급 부서의 장이 되고, 위원은 전략회의의 위원이 소속된 기관의 고위공무원단에 속하는 공무원 또는 이에 상당하는 공무원이 된다.

④ 실무회의는 전략회의에서 심의할 의안(議案)을 미리 검토·조정하고, 다음 각 호의 사항을 심의하여 그 결과를 전략회의에 보고할 수 있다.

    1. 국가 방첩업무 현안에 대한 대책의 수립 및 시행에 관한 사항

    2. 전략회의의 심의·의결을 거쳐 정해진 정책 등에 대한 시행 방안

    3. 전략회의로부터 위임받은 심의사항

---

275) 방첩업무 규정 제11조.

4. 그 밖에 실무회의의 의장이 회의에 부치는 방첩업무에 관한 사항
⑤ 규정한 사항 외에 실무회의의 운영에 필요한 사항은 국가정보원장이 정한다.

4 보안업무규정

1) 정의276)

1. "비밀"이란 그 내용이 누설될 경우 국가안전보장에 해를 끼칠 우려가 있는 국가 기밀로서 이 영에 따라 비밀로 분류된 것을 말한다.
2. "각급기관"이란 「대한민국헌법」, 「정부조직법」 또는 그 밖의 법령에 따라 설치된 국가기관(군기관 및 교육기관을 포함한다)과 지방자치단체 및 「공공기록물 관리에 관한 법률 시행령」 제3조에 따른 공공기관을 말한다.
3. "중앙행정기관"이란 부·처·청(이에 준하는 위원회를 포함)과 대통령 소속·보좌·경호기관, 국무총리 보좌기관 및 고위공직자범죄수사처를 말한다.
4. "암호자재"란 비밀의 보호 및 정보통신 보안을 위하여 암호기술이 적용된 장치나 수단으로서 Ⅰ급, Ⅱ급 및 Ⅲ급비밀 소통용 암호자재로 구분되는 장치나 수단을 말한다.

2) 보안책임277)

국가안전보장에 관련되는 인원·문서·자재·시설 및 지역을 관리하는 사람과 관계 기관의 장은 관리 대상에 대하여 보안책임을 진다.

3) 보안 기본정책 수립 등278)

국가정보원장은 보안 업무와 관련하여 아래 사항의 업무를 수행한다.

---

276) 보안업무규정 제2조.
277) 보안업무규정 제3조.
278) 보안업무규정 제3조의2.

1. 보안 업무와 관련된 기본정책의 수립 및 제도의 개선
2. 보안 업무 수행 기법의 연구·보급 및 표준화
3. 전자적 방법에 의한 보안 업무 관련 기술개발 및 보급
4. 각급기관의 보안 업무가 적절하게 수행되는지 여부의 확인 및 그 결과의 분석·평가
5. 각급기관 소속 공무원 등의 교육
6. 그 밖에 각급기관에서 수행하는 보안 업무의 지원

4) 보안심사위원회[279)

① 중앙행정기관에 비밀의 공개 등 해당 기관의 보안 업무 수행에 관한 중요 사항을 심의하기 위하여 보안심사위원회를 둔다.
② 보안심사위원회의 구성·운영 등에 필요한 세부사항은 국가정보원장이 정한다.

5) 비밀보호[280)

(1) 비밀의 구분

비밀은 그 중요성과 가치의 정도에 따라 구분한다.
1. Ⅰ급비밀: 누설될 경우 대한민국과 외교관계가 단절되고 전쟁을 일으키며, 국가의 방위계획·정보활동 및 국가방위에 반드시 필요한 과학과 기술의 개발을 위태롭게 하는 등의 우려가 있는 비밀
2. Ⅱ급비밀: 누설될 경우 국가안전보장에 막대한 지장을 끼칠 우려가 있는 비밀
3. Ⅲ급비밀: 누설될 경우 국가안전보장에 해를 끼칠 우려가 있는 비밀

---

279) 보안업무규정 제3조의3.
280) 보안업무규정 제4조~제12조.

(2) 비밀의 보호와 관리 원칙

각급기관의 장은 비밀의 작성·분류·취급·유통 및 이관 등의 모든 과정에서 비밀이 누설되거나 유출되지 아니하도록 보안대책을 수립하여 시행하여야 한다. 이 경우 비밀의 제목 등 해당 비밀의 내용을 유추할 수 있는 정보가 포함된 자료는 공개하지 않는다.

(3) 비밀·암호자재취급 인가권자

① Ⅰ급비밀 취급 인가권자와 Ⅰ급 및 Ⅱ급비밀 소통용 암호자재 취급 인가권자는 아래와 같다.
　1. 대통령
　2. 국무총리
　3. 감사원장
　4. 국가인권위원회 위원장
　4의2. 고위공직자범죄수사처장
　5. 각 부·처의 장
　6. 국무조정실장, 방송통신위원회 위원장, 공정거래위원회 위원장, 금융위원회 위원장, 국민권익위원회 위원장, 개인정보 보호위원회 위원장 및 원자력안전위원회 위원장
　7. 대통령 비서실장
　8. 국가안보실장
　9. 대통령경호처장
　10. 국가정보원장
　11. 검찰총장
　12. 합동참모의장, 각군 참모총장, 지상작전사령관 및 육군제2작전사령관
　13. 국방부장관이 지정하는 각군 부대장
② Ⅱ급 및 Ⅲ급비밀 취급 인가권자와 Ⅲ급비밀 소통용 암호자재 취급 인가권자는 아래와 같다.
　1. 제1항 각 호의 사람

2. 중앙행정기관인 청의 장

3. 지방자치단체의 장

4. 특별시·광역시·도 및 특별자치시·특별자치도의 교육감

5. 제1호부터 제4호까지의 사람이 지정한 기관의 장

(4) 비밀의 분류

① 비밀취급 인가를 받은 사람은 인가받은 비밀 및 그 이하 등급 비밀의 분류 권을 가진다.

② 같은 등급 이상의 비밀취급 인가를 받은 사람 중 직속 상급직위에 있는 사 람은 그 하급직위에 있는 사람이 분류한 비밀등급을 조정할 수 있다.

③ 비밀을 생산하거나 관리하는 사람은 비밀의 작성을 완료하거나 비밀을 접 수하는 즉시 그 비밀을 분류하거나 재분류할 책임이 있다.

(5) 분류원칙

① 비밀은 적절히 보호할 수 있는 최저등급으로 분류하되, 과도하거나 과소하 게 분류해서는 아니 된다.

② 비밀은 그 자체의 내용과 가치의 정도에 따라 분류하여야 하며, 다른 비밀 과 관련하여 분류해서는 아니 된다.

③ 외국 정부나 국제기구로부터 접수한 비밀은 그 생산기관이 필요로 하는 정 도로 보호할 수 있도록 분류하여야 한다.

제 8 장

외사경찰

1 외사경찰

　　외사경찰은 국가의 안전과 사회공공의 안녕 및 질서보호를 목적으로 외국인, 외국사절, 외국기관, 외국상사단체, 외국인이나 외국과 관련된 내국인, 그리고 해외여행자 및 해외동포 등을 대상으로 외사정보를 수집하고 이와 관련된 범죄를 예방·수사하는 것을 주된 임무로 하는 경찰활동을 말한다.[281] 외사경찰은 국가의 안전 및 대한민국 국민의 안전과 관련된 사전예방적 활동과 주한 외국인 또는 외국기관·단체가 대한민국에서 행하는 범죄 등 사후진압적 활동 등 사전예방적 성격 그리고 사후진압적 성격을 지닌다.

---

281) 최선우. (2017). 경찰학. 그린출판사. 742.

2 외사경찰의 조직

1) 외사국장

경찰청은 외사국에 국장은 치안감 또는 경무관으로 보하며, 아래 사항을 분장한다.[282]

1. 외사경찰업무에 관한 기획·지도 및 조정
2. 재외국민 및 외국인에 관련된 신원조사
3. 외국경찰기관과의 교류·협력
4. 국제형사경찰기구에 관련되는 업무
5. 외사정보의 수집·분석 및 관리
6. 외국인 또는 외국인과 관련된 간첩의 검거 및 범죄의 수사지도
7. 외사보안업무의 지도·조정
8. 국제공항 및 국제해항의 보안활동에 관한 계획 및 지도

2) 외사국 각 과장

외사국에 외사기획과·외사정보과·외사수사과 및 국제협력과를 두며, 각 과장은 총경으로 보한다.[283]

(1) 외사기획과장

1. 외사경찰업무에 관한 기획 및 지도
2. 재외국민 및 외국인과 관련된 신원조사
3. 해외 파견 경찰관의 선발·교육 및 관리
4. 기타 국내 다른 과의 주관에 속하지 아니하는 사항

---

282) 경찰청과 그 소속기관 직제 제15조의2.
283) 경찰청과 그 소속기관 직제 시행규칙 제12조의2.

(2) 외사정보과장

1. 외사 치안정보 업무에 관한 기획·지도 및 조정
2. 외사 치안정보의 수집·종합·분석 및 관리
3. 외국인 또는 외국인과 관련된 간첩의 검거 및 수사지도
4. 외사보안업무의 지도 및 조정
5. 국제공항 및 국제해항 보안활동에 관한 계획 및 지도

(3) 외사수사과장

1. 국제형사경찰기구에 관련되는 업무
2. 외국인 또는 외국인과 관련된 범죄수사에 대한 기획 및 지도
3. 외국인 또는 외국인과 관련된 중요범죄 수사지도

(4) 국제협력과장

1. 외국경찰기관과의 교류 및 협력
2. 국제 치안협력 사업에 대한 기획 및 지도

3 외사경찰의 특성

　　외사경찰은 국내에 체류하고 있는 외국인, 외국기관·단체, 대외국민 뿐만 아니라 외교사절도 그 대상으로 하기에 활동대상이 다양하며, 외사정보, 외사보안활동, 외사범죄 수사, 국제협력활동 등 업무 역시 광범위하다. 외사경찰은 외국어, 국제안보, 경제, 외교 등 전문지식을 요하고 있어 전문적인 지식을 요하는 특성을 지니고 있다.

4 외사경찰의 대상

외사경찰의 대상으로는 주한 외국인이나 외국기관·단체가 대한민국 내에서 저지른 범죄, 내국인·해외교포가 외국에서 저지른 범죄, 내국인이 외국인이나 외국기관·단체 등과 연계하여 저지른 범죄, 외국인이 외국에서 대한민국 또는 대한민국 국민을 대상으로 저지른 범죄, 간첩·불순분자 등의 제3국을 통한 우회침투 방지·색출, 무장·과격분자 또는 국제범죄단체 등에 대한 테러와 납치 등의 국제성 범죄 대처 등이 해당된다.[284]

5 국제형사사법공조법

1) 정의[285]

1. "공조"란 대한민국과 외국 간에 형사사건의 수사 또는 재판에 필요한 협조를 제공하거나 제공받는 것을 말한다.
2. "공조조약"이란 대한민국과 외국 간에 체결된 공조에 관한 조약·협정 등을 말한다.
3. "요청국"이란 대한민국에 공조를 요청한 국가를 말한다.
4. "공조범죄"란 공조의 대상이 되어 있는 범죄를 말한다.

2) 공조의 범위와 제한

(1) 공조의 범위[286]

1. 사람 또는 물건의 소재에 대한 수사

---

284) 최응렬·하상군·조성택·송병호·김종길·박상진. (2016). 경찰학개론. 대영문화사. 501.
285) 국제형사사법 공조법 제2조.
286) 국제형사사법 공조법 제5조.

2. 서류·기록의 제공

3. 서류 등의 송달

4. 증거 수집, 압수·수색 또는 검증

5. 증거물 등 물건의 인도(引渡)

6. 진술 청취, 그 밖에 요청국에서 증언하게 하거나 수사에 협조하게 하는 조치

(2) 공조의 제한[287]

1. 대한민국의 주권, 국가안전보장, 안녕질서 또는 미풍양속을 해칠 우려가 있는 경우

2. 인종, 국적, 성별, 종교, 사회적 신분 또는 특정 사회단체에 속한다는 사실이나 정치적 견해를 달리한다는 이유로 처벌되거나 형사상 불리한 처분을 받을 우려가 있다고 인정되는 경우

3. 공조범죄가 정치적 성격을 지닌 범죄이거나, 공조요청이 정치적 성격을 지닌 다른 범죄에 대한 수사 또는 재판을 할 목적으로 한 것이라고 인정되는 경우

4. 공조범죄가 대한민국의 법률에 의하여는 범죄를 구성하지 아니하거나 공소를 제기할 수 없는 범죄인 경우

5. 이 법에 요청국이 보증하도록 규정되어 있음에도 불구하고 요청국의 보증이 없는 경우

(3) 공조의 연기[288]

대한민국에서 수사가 진행 중이거나 재판에 계속(係屬)된 범죄에 대하여 외국의 공조요청이 있는 경우에는 그 수사 또는 재판 절차가 끝날 때까지 공조를 연기할 수 있다.

---

287) 국제형사사법 공조법 제6조.
288) 국제형사사법 공조법 제7조.

(4) 물건의 인도289)

① 아래 사항의 어느 하나에 해당하는 물건은 요청국에 인도할 수 있다. 다만, 그 물건에 대한 제3자의 권리는 침해하지 못한다.
  1. 공조범죄에 제공하였거나 제공하려고 한 것
  2. 공조범죄로 인하여 생겼거나 취득한 것
  3. 공조범죄의 대가로 취득한 것
② 물건을 인도할 때에는 대한민국이 그 물건에 대한 권리를 포기한 경우가 아니면 그 반환에 대한 요청국의 보증이 있어야 한다.

(5) 요청국에서의 협조290)

① 요청국으로부터 공조범죄와 관계있는 사람 등에 대하여 수사 또는 재판 절차에 협조하도록 요청받은 경우에는, 그 요청된 당사자가 서면으로 동의하는 경우에만 요청국에서 협조하게 할 수 있다.
② 협조요청의 당사자에 대하여는 그 이전에 한 행위로 요청국에서 기소되거나 처벌받지 아니하고 자유를 제한당하지 아니한다는 요청국의 보증이 있어야 한다.
③ 교정시설(矯正施設)에서 형을 받고 있는 사람이 요청의 당사자인 경우 그 수형자에 대하여는 대한민국의 요구대로 계속 구금되며 구금 상태로 대한민국으로 송환된다는 요청국의 보증이 있어야 한다. 이 경우 요청국에서 구금한 기간은 대한민국에서 집행할 구금 일수에 포함한다.

---

289) 국제형사사법 공조법 제8조.
290) 국제형사사법 공조법 제9조.

6 국제형사경찰기구(인터폴) 대한민국 국가중앙사무국 운영규칙

1) 정의[291]

1. "인터폴"이란 국제형사경찰기구(THE INTERNATIONAL CRIMINAL POLICE ORGANIZATION – INTERPOL)를 말한다.
2. "헌장"이란 인터폴의 헌장을 말한다.
3. "국가중앙사무국"이란 헌장 제5조 및 제32조의 국가중앙사무국(National Central Bureau)을 말한다.
4. "국제범죄"란 국경을 초월하여 발생하는 범죄 또는 특정국가 내에서 발생하는 범죄 중 국제적인 영향이 있는 범죄를 말한다.
5. "인터폴 협력관"이란 「인터폴 협력관 업무처리 규칙」(경찰청 훈령 제844호) 제2조의 "인터폴 협력관"을 말한다.

2) 설치 및 편성

(1) 설치[292]

대한민국이 인터폴 회원국으로서의 업무를 수행하기 위해, 경찰청에 인터폴 대한민국 국가중앙사무국을 둔다.

(2) 담당[293]

경찰청 외사국 내 담당부서를 국가중앙사무국으로 하고, 경찰청 외사국장을 국가중앙사무국장으로 한다.

---

291) 국제형사경찰기구(인터폴) 대한민국 국가중앙사무국 운영규칙 제2조.
292) 국제형사경찰기구(인터폴) 대한민국 국가중앙사무국 운영규칙 제4조.
293) 국제형사경찰기구(인터폴) 대한민국 국가중앙사무국 운영규칙 제5조.

(3) 편성[294]

① 국가중앙사무국장은 아래 사항의 담당자를 지정한다.

    1. 인터폴 보안담당자 : 인터폴 업무의 보안책임

    2. 인터폴 정보관리담당자 : 인터폴 전산망을 통한 정보유통 관리

    3. 인터폴 연락담당자 : 인터폴과의 업무연락

② 국가중앙사무국장은 아래 사항에 따라 인력을 구성한다.

    1. 기능 수행을 위한 국가 및 업무별 인력

    2. 인터폴 공용어의 전문적 활용 인력

    3. 항시적 인터폴 연락망 유지를 위한 업무수행 인력

(4) 지휘 및 감독[295]

국가중앙사무국장은 본 업무에 대하여 경찰청장의 지휘 및 감독을 받는다.

3) 기능 및 역할

(1) 기능

국가중앙사무국은 목적을 달성하기 위하여 아래 사항의 기능을 수행한다.

    1. 국제범죄에 대응하기 위한 정보 및 자료교환

    2. 국제범죄와 관련된 동일증명 및 전과조회

    3. 국제범죄에 대한 사실 확인 및 조사

    4. 국외도피사범 검거 관련 업무

    5. 국제범죄 대응을 위한 국제회의 참석 및 개최 등 업무

    6. 인터폴 총회 의결 사안의 집행

    7. 인터폴 및 각 회원국 국가중앙사무국과의 경찰업무 관련 상호 업무협력

    8. 국가중앙사무국 구성원 및 관련자 교육

---

294) 국제형사경찰기구(인터폴) 대한민국 국가중앙사무국 운영규칙 제6조.
295) 국제형사경찰기구(인터폴) 대한민국 국가중앙사무국 운영규칙 제7조.

9. 인터폴 협력관의 선발 및 운영

10. 인터폴 전산망 운영

11. 대한민국 국적의 인터폴 집행위원회 구성원 등에 대한 지원

12. 그 밖에 국가중앙사무국 운영에 관한 사항

(2) 조정 및 권한

① 기능을 수행하기 위하여 국가중앙사무국은 대한민국을 대표하여 인터폴 및 각 회원국 국가중앙사무국과 국제공조를 총괄하며, 아래 사항에 해당하는 업무를 지도·조정한다.

1. 일반 정보유통 업무

2. 범죄관련 정보유통 업무

3. 효율적 협력업무 수행을 위한 의사결정

② 역할을 수행하기 위해, 국가중앙사무국은 대한민국 내의 다른 기관의 요청에 대하여 아래 사항과 같은 사항을 심사하여 처리한다.

1. 인터폴 전산망에 대한 접근 및 차단 결정

2. 인터폴 전산망을 통한 정보유통 범위 결정

3. 인터폴 전산망에 접근하는 각 기관 전산망의 보안점검 및 보완요구

---

7 │ **인터폴 협력관 업무처리 규칙**

1) 정의[296)]

인터폴 협력관이란 인터폴 사무총국, 글로벌혁신단지 또는 각 지역사무소에 파견되어 근무하며 사무총국 내 담당 업무, 국제범죄 등에 대한 첩보 수집, 인터폴 회원국과의 협력 업무 등을 수행하는 경찰공무원을 말한다.

---

296) 인터폴 협력관 업무처리 규칙 제2조.

2) 자격요건[297]

1. 경찰 경력 5년 이상의 경감 이상의 경찰공무원. 이 경우 경감 승진후보
   자를 포함한다.
2. 영어 구사능력 우수자(스페인어·아랍어·프랑스어 등 인터폴 공용어 구사가
   능한 자 우대)
3. 투철한 국가관과 사명감이 있는 자
4. 사무총국에서 요구하는 자격을 갖춘 자
5. 기타 외사국이 필요로 하는 사항

3) 선발심사[298]

① 경찰청장은 협력관 추천대상자를 선발하려는 경우 공개모집 절차 진행 후
   선발심사위원회가 실시하는 심사를 거쳐야 한다.
② 선발심사는 서류심사 및 면접심사를 통해 실시하여 아래의 사항을 평정한다.
   1. 서류심사 : 외국어 능력 등 객관적 요소
   2. 면접심사 : 직무수행능력·태도 등 주관적 요소

4) 협력관의 소속[299]

협력관의 소속은 외사수사과로 한다.

5) 교육[300]

협력관은 사무총국으로 파견되기 전에 외사국에서 실시하는 교육을 이수하여

---

297) 인터폴 협력관 업무처리 규칙 제3조.
298) 인터폴 협력관 업무처리 규칙 제4조.
299) 인터폴 협력관 업무처리 규칙 제11조.
300) 인터폴 협력관 업무처리 규칙 제12조.

야 한다.

6) 협력관의 직무301)

협력관은 사무총국에서 근무하면서 아래 사항의 직무를 수행한다.
1. 사무총국 내 담당 업무
2. 테러, 사이버범죄, 국제범죄 등에 대한 각종 첩보수집
3. 인터폴 회원국과의 협력 업무
4. 기타 경찰청 지시사항

7) 활동보고302)

협력관은 활동사항을 월 1회 경찰청에 정기적으로 보고하여야 한다. 다만 특별 사항은 수시로 신속하게 보고하여야 한다.

8) 협력관의 파견기간 등303)

① 협력관의 파견기간은 3년으로 한다. 다만, 연장의 필요성이 특별히 인정되는 경우 1년 단위로 연장 할 수 있으며, 이때 총 파견기간은 5년을 초과하지 못한다.
② 경찰청장은 경찰청 업무수행 상 특히 필요하다고 인정되는 경우에는 근무기간 만료 이전이라도 경찰청으로 복귀 시킬 수 있다.

---

301) 인터폴 협력관 업무처리 규칙 제13조.
302) 인터폴 협력관 업무처리 규칙 제14조.
303) 인터폴 협력관 업무처리 규칙 제15조.

찾아보기

저자소개

조 상 현

- 동국대학교 경찰행정학과 범죄학 박사
- 경남대, 동국대, 동서대, 동의대, 대전과학기술대, 부산외대, 신라대, 울산대, 중부대, 한남대 외래교수
- 한국치안행정학회 사무국장
- 한국민간경비학회 기획위원
- 한국공안행정학회 연구위원
현 동서대학교 사회안전학부 조교수

저서
- 민간경비론(피와이메이트, 2017)
- 법학개론(백산출판사, 2019)
- 민간경비론(백산출판사, 2019)
- 경비업법(백산출판사, 2019)
- 경호학(백산출판사, 2019)
- 범죄학(백산출판사, 2019)
- 범죄학(그린출판사, 2020)
- 경찰학총론(청목출판사, 2020)
- 경찰학각론(청목출판사, 2020)

경찰의 이해

초판 발행   2020년 10월 30일

지은이   조상현
펴낸이   안종만·안상준

편 집   우석진
기획/마케팅   정성혁
표지디자인   조아라
제 작   고철민·조영환

펴낸곳   (주) **박영사**
            서울특별시 금천구 가산디지털2로 53, 210호(가산동, 한라시그마밸리)
            등록 1959. 3. 11. 제300-1959-1호(倫)
전 화   02)733-6771
f a x   02)736-4818
e-mail   pys@pybook.co.kr
homepage   www.pybook.co.kr
ISBN   979-11-303-1135-7 93350

* 파본은 구입하신 곳에서 교환해 드립니다. 본서의 무단복제행위를 금합니다.
* 저자와 협의하여 인지첩부를 생략합니다.

정 가   15,000원